《少年讲书人》（第一季）电视展评活动年度总评

"年度27强"与专家评委、嘉宾合影留念

广东教育学会中小学生阅读研究专业委员会
理事长刘劲予为总冠军——"年度书香之星"
刘晨颁发总冠军奖杯、奖状、奖品

广东教育学会副秘书长黄为民为
"月度书香之星"颁发奖杯、奖状、奖品

广东金星书业董事长金芳为"金牌讲书人"
颁发奖状、奖品

"年度5强"风采（从左至右：刘晨、王紫、宋卓航、闫尚博、刘安淇）

《少年讲书人》社团成立及第一季优秀组织奖颁发
（部分学校照片）

东莞市石龙镇中心小学

广州市华师附中番禺小学　　　　　东莞市东城实验小学

《少年讲书人》社团首任社长面对全校讲书

（从左至右："金牌讲书人"蒋雨桐、"年度书香之星"刘晨、"金牌讲书人"曹纾菡）

广东广播电视台现代教育频道采访

东莞市石龙镇中心小学校长聂惠芳

石龙镇中心小学《少年讲书人》社团首
任社长刘晨

广州市华师附中番禺小学《少年讲书
人》社团学校指导老师沈春雪

华师附中番禺小学《少年讲书人》社团
首任社长蒋雨桐

《少年讲书人》专家团成员公益演讲
——《如何讲好一本书》

如何讲好一本书

李哲
肖惠
欧祖洋
/
编著

人民东方出版传媒
东方出版社

图书在版编目（CIP）数据

如何讲好一本书：《少年讲书人》电视展评活动官方指定用书 /
李哲，肖惠，欧祖洋编著. —北京：东方出版社，2020.12
　　ISBN 978-7-5207-1875-2

　　Ⅰ. ①如… Ⅱ. ①李… ②肖… ③欧… Ⅲ. ①读书方法–青少年读物
Ⅳ. ①G792–49

　　中国版本图书馆CIP数据核字（2020）第244297号

如何讲好一本书
（RUHE JIANGHAO YIBENSHU）
李　哲　肖　惠　欧祖洋　编著

策划编辑：姚　恋
责任编辑：黎民子
出　　版：东方出版社
发　　行：人民东方出版传媒有限公司
地　　址：北京市西城区北三环中路6号
邮政编码：100120
印　　刷：北京联兴盛业印刷股份有限公司
版　　次：2020年12月第1版
印　　次：2020年12月北京第1次印刷
开　　本：880毫米×1230毫米　1/32
印　　张：6.5
字　　数：80千字
书　　号：ISBN 978-7-5207-1875-2
定　　价：39.80元
发行电话：（010）85924663　85924644　85924641

少儿阅读，引领未来

《少年讲书人》活动组委会想出一本《如何讲好一本书》给阅读爱好者看，希望我为这本书写个序，我想我可能还没有水平为人写序，阅读研究是门大学问，需要"尊德性而道问学，致广大而尽精微，极高明而道中庸"，因为阅读是一种个性化很强的行为，见仁见智，不一而论。不过，我本身也是个爱读书的人，平时读了些闲书、杂书，经典读得不多，虽对阅读没有太深的研究，但我可以像王阳明先生一样"既要坐而论道，也要起而行之"，知行合一，既然读过一些书，关于阅读的思考和认识总会是有些的。

少儿阅读，是全民阅读工作最重要的基础工程，事关立德树人这个根本任务的落实，事关中国特色社会主义事业接班人的培养，事关少年儿童的健康成长，因此，中小学生阅读的重要性无论如何强调都不为过。中央宣传部印发的《关于促进全民阅读工作的意见》明确指出，阅读是获取知识、增长智慧的重要方式，是传承文明、提高国民素质的重要途径。要在全社会大力营造爱读书、读好书、善读书的良好氛围，引导人民群众提升阅读兴趣、养成阅读习惯、提高阅读能力。加大阅读内容引领，组织开展重点阅读活动，加强优质阅读内容供给，积极推动青少年阅读和家庭亲子阅读，组织引导社会各方力量共同参与和加强全民阅读宣传推广，不断增强思想道德素质和科学文化素质，为实现"两个一百年"奋斗目标和中华民族伟大复兴的中国梦提供强大精神动力和智力支持。

阅读是一种态度，也是一种习惯；阅读既是一种生活方式，更是一种学习方式。毛主席在闲暇时间，一本《资治通鉴》总是手不释卷，在中南海卧室睡床的一半全堆满了经典善本书籍；敬爱的周总理从小就立志"为中华之崛起而读书"；习近平总书记说："读书可以让人保持思想活力，让人得到智慧启发，让人滋养浩然之气。"我认为，阅读经典就是穿越到过去与先哲先贤对话。对学校教育来说，阅读就更为重要了，新阅读研究所所长朱永新教授说过："阅读为学生的未来发展奠定基础，阅读是教育最基本、最基础、最重要的问题，一所学校真正能够把阅读做好，学校教育就成功了一半。"为什么有的同学能口吐莲花、妙笔生花，有的同学一上台发言就磕磕巴巴，半天也挤不出一句漂亮话来，表面上是表达能力的差异，实际上是阅读量的差别；大量的阅读才能有优秀的思考读写能力，流利的表达、精彩的语言，就是善于阅读思考的结果。少儿阅读，引领未来，可以这样说，少儿阅读扎根有多深，全民阅读才能扎根有多深；少儿的阅读偏好，就是未来国民的阅读偏好。少年强则国强，少年儿童喜欢阅读，未来的国民就会喜欢阅读，一个不爱阅读的民族，是没有希望的民族；一个不会阅读的民族，是一个不会思考的民族。同样道理，一所不重视阅读的学校，不可能是一所好学校；一位重视阅读的校长，才是真正懂教育的校长。

对喜欢讲书的孩子们来说，想要讲好一本书，首先要读懂一本书，要读懂一本书，首先要选好一本书。

如何选择一本好书呢？读书当然要读好书，读坏书不如不读。好书首先是内容健康，充满正能量，不会有媚俗、粗俗、庸俗的描写，讲品位、讲格调、讲责任。一本经典的好书，凝结着前人的创造精神、伦理坚守，俄国革命思想家赫尔岑称它是"这一代对下一代精神上的遗训"。一本优秀的少儿读物，往往有温度、有思想、有力量，具有较高的审美价值和丰富的教育功能，蕴含着深厚的人文情怀，孩子们读了这些好书，既能启迪智慧、增长知识，提升写作表达能力和逻辑思维能力，又能立德树人，催人奋发向上，增强自信。腹有诗书气自华，读破万卷方致远。人生在世，草木一秋，世界是无限的，人的生命却是有限的，特别是在一些学校，学生的课业负担重，考试、作业的压力还有点大，读书时间不是很充裕，但好书成千上万，人在有限的生命里是不可能读完万卷书的，只能选择性地阅读那些适合自己的好书。

如何选读到好书呢？到书店当然有可能选到好书，但因为时间和空间的原因，耗费太大，孩子们对好书的判断能力和选择能力各有不同，面对碎片化的阅读时代，老师的选品和教育部门、学术机构的荐品就显得非常重要了。同学们可以像到餐厅吃饭时从菜谱点菜一样，从一些正规的、公益的推荐书单中选择自己喜欢的图书，菜谱是一家餐厅经过多年实践总结出来的好菜品种，教育部门、阅读教育专业机构和学校举办的读书活动推荐书单往往比较靠谱，像教育部向青少年推荐的100种好书，像省教育部门举办的"寒假读一本好书""暑假读一本好书"活动推荐书目，像全省"百社千校书香童年"阅读活动评选推荐的"岭南书香十佳童书"，像课本或新课程标准要求必读的书目，像一些专业的阅读研究机构的推荐书目，都是经读者投票和阅读研究专家按照一定的标准严格评选出来的，在老师、家长的指导下，可以根据兴趣、爱好放心地从这些书目中选择适合自己阅读的图书，参加读书活动还有获奖的机会，一举两得。

如何读懂一本好书呢？要读懂一本好书，当然要讲究阅读方法，阅读方法也因人而异，有人喜欢精读，有人喜欢通读，有人喜欢泛读，有人喜欢选择精彩片段来读，有人喜欢默读，有人喜欢高声朗读，有人喜欢边阅读边思考，有人喜欢边阅读边批注笔记……读书方法很多，不一而论，适合自己、有效果就好。一般来说，经典名著要深读精读，领略其思想之精髓，感受其文学之美；科普图书要认真地读，理解和接受其知识、信息、观点。总之，别把孩子们的黄金时间，浪费在没有深度的阅读上，要让孩子们读经典书，读整本书，读纸质书。有的经典名著第一次读不懂也没关系，可以长大了再读。因为文化的差异，有些世界名著开始读确实不太好懂，需要深度的思考和足够的人生阅历。比如马尔克斯的《百年孤独》，我年轻时第一次读就没有读懂，后来人到中年才读懂了一点点，从书中明白一些道理，书中要表达的真意原来是说，人唯孤独，方能出众，百年孤独，谁也不能避免，人生所有的辉煌最终都要由孤独来偿还。正如庄子所说："独来独往，是谓独有；独有之人，是谓至贵。"

读书、思考、写作是"三位一体"的事情，读书一定要有思考，孟子说："尽信书，则不如无书。"书是人写的，作者也有一定局限性，不一定百分百是真理真知，读后感要写得精彩、出彩，对书中提到的一些描写、问题、观点、说法要有自己的思考与分析，要敢于质疑和探究，用批判性思维提出自己的想法与判断，这样读书才能不断提高自己，才能写出好的作文。为什么有的同学一写作文就是流水账干巴巴，就是没有自己的思考和自己的观点。以少儿文学故事图书为例，如何判断孩子们读懂了这本书呢？在美国的一些学校和家庭，孩子读完一本书后，老师或家长往往会问一问下列问题，能完整地回答这些问题，说明孩子掌握了阅读策略与技巧，也说明读懂了这本书：

1. 故事里发生了什么样的事？

2. 故事的主要内容是什么？

3. 主人公有哪些？他们是什么样的人？

4. 为什么其中一个主人公会有这样或那样的举动？

5. 作品的目的是什么？

6. 选出两个主人公分析他们之间的不同与相同之处。

7. 故事里有没有让你想起你以前做过的事或读过的书？

8. 作者想通过这本书告诉你些什么？

因此，要让孩子们读懂一本好书，老师、家长是需要做一些阅读方法指导工作的，有效的阅读指导才能提升高质量的阅读效果。

　　如何讲好一本书呢？讲书其实就是一种阅读、思考、写作的过程，讲好一本书就是阅读、思考、写作一体化的结晶。首先，要读懂这本书。熟悉这本书的主要内容，了解这本书的作者想告诉你的是什么，做到成竹在胸，对讲好这本书充满自信。其次，要有自己的阅读思维导图。对这本书要深入思考，讲书不是简单地复述这本书，而是要把读后感想讲出来，要言之有物，有观点、有看法、有精彩、有不同之处，因此要对书中的内容、思想、观点、知识、行为等进行分析，提出你最赞同的观点，最欣赏的对话，最精彩的描写，如果有你不认同的说法或观点，提出你的依据进行反驳或否定，把你的思考、体会、想法打好腹稿或书面草稿，通过一定演讲技巧在规定的时间里完整地表达出来，以你自己的思考、自己的话打腹稿或写演讲稿，就是一种完美的写作。第三，要讲究一定的演讲技巧。讲书，其实就是一种关于书的演讲艺术，比如仪表要端庄得体，语速不能太快也不能太慢，吐字要清晰，声音不能太小，表情神态要自然，时而严肃，时而活泼。口头表达要流利，最好做到声情并茂，抑扬顿挫，用真情实感去打动人、感染人。最后，站在台上，自信很重要，一定要相信自己：讲书，我能行，我是最好的，因为，我是金牌少年讲书人。

有感而发，权当为序吧。

写于广州　2020 年 10 月

黄春青，广东教育出版社党委副书记、总编辑，广东教育学会副秘书长、广东教育学会中小学生阅读研究专业委员会常务副理事长，《少年讲书人》电视展评活动总评阶段专家评委。

目　录

第一章

如何讲好一本书：
内容为本

◉ 引言 写在讲书之前（李哲）

一

　　我出生在湖南山区，刚上小学时，成绩不是很好，还有点小调皮。有一天，一位亲戚当着所有人的面对我说：李哲长大了只能去担脚（湖南土话，意思是当苦力、卖零工）。

　　在我10岁左右时，父母离婚了，我只能跟着爷爷奶奶一起住。到了小学六年级，在广东打工的大姑为了让我接受更好的教育，把我从湖南老家带到广东读书。

　　当时的我连26个英文字母都不认识，入学考试，英语只能交白卷、考0分。而且不会讲普通话，成绩好的同学基本上都不理我，我只能跟那些成绩和我一样差的同学玩。并逐步加入了一些所谓的小帮小派，打架斗殴、逃课上网、无法无天……

　　初一下学期结束，我所有学科只有数学超过60分，其他全部挂科。几乎所有人都认为我连高中都考不上。

被逼无奈，我只能回到湖南老家读书。开学后不久，我的同桌找他爸爸要钱买一台复读机，说书店做活动，买了复读机就可以送一本英语学习教材。他爸爸很动心就给他买了，买完之后，他把买复读机送的英语学习教材放到一边，自己用零花钱去买流行歌曲的磁带听。

刚好我也有一台复读机，他就把有磁带的书送给了我。我看了看书的封面，一位老师带着成千上万人在喊英语，觉得非常有趣，于是我就翻开了这本书。

那时的我不会知道，当我翻开这本书的一刻，也开启了自己崭新的人生……

作者的故事深深震撼了我！他到大二下学期英语都不及格，疯狂努力4个月后竟然成为全校第二！

我心想：我现在才读初中啊，虽然到目前为止我的英语从来没有及格过，但至少我还是有希望的！

作者说，天才就是正确重复次数最多的人！

作者说，突破发音是征服英语的第一步！

作者还说，一定要跟着录音大声模仿！因为录音是最好的老师之一！

虽然当时的我对英语一窍不通，但有了复读机，我就跟着录音把这本书第一篇只有 1 分钟左右的文章大声模仿了 1000 多遍，直至滚瓜烂熟、倒背如流！慢慢地，我对英语有了一种说不出来的感觉。英语老师也开始表扬我的发音，并安排我带全班同学读英语……这一切都给了我莫大的动力。

在接下来的日子里，不记得有多少个夜晚，当所有同学都睡着了，我就一个人偷偷地在宿舍外昏暗的灯光下学习，或者在被窝里用手电筒继续看书，在课间大声朗读英语。

期中考试成绩出来：我的英语全班第一，全科全班第二。

二

那是我人生中第一次体会到自主阅读、自主学习的力量，由此一发不可收拾。

我开始看大量英语原版小说、名家学习方法以及相关英语学习资料，同时把课文和中考真题倒背如流。

接下来就顺理成章了，我每次英语考试基本全班第一，甚至年级第一。有一天吃完午饭，英语老师告诉我："李哲，这次全市英语知识竞赛，你的分数最高，全市第一……"

　　到了初三，我和几位同学被学校推荐去参加全市英语演讲大赛。由于出色的英语口语，我甚至被学校领导安排去培训同校的其他几位选手！

　　那是我人生第一次给别人上课。没有任何讲课经验的我，把自己看过的所有关于英语口语以及演讲方面的书籍再次深入地研究了一遍，然后培训其他参赛选手。在顺利完成学校安排任务的同时，我自己对英语演讲也有了更高层次的认知。

　　演讲比赛如期而至，在我演讲结束后，评委老师像看外星人一样看着我，停顿几秒后竖起大拇指对我说："You are the best！"最终我拿到市演讲比赛的最高奖项。

　　随着英语的突飞猛进，我其他科目的成绩也有了很大进步。我开始阅读一些中文名著并尝试仿写，有一天语文老师对我说："你上节课写的作文，被学校校刊发表了。"

　　那是我第一次有作品被校刊杂志发表，成就感瞬间得到很大提升，之后的每一节作文课我都格外认真。

　　我随之成为了班长，这个职位从初中持续到我高中毕业。在自我成长的同时，我开始辅导其他同学学习，甚至早上5点多带同学在教学楼前喊英语！

2007 年元旦，教英语的副校长安排我成为学校文艺汇演主持人。

2007 年夏，因为英语特长，我没有参加中考，直接被全市最好的高中最好的班级提前一个月录取。整个高中三年，我主持了大量校级活动：军训毕业典礼暨新生开学典礼、各大节日文艺汇演、高考百日誓师等。

2008 年，我们班的元旦文艺汇演节目被学校淘汰，全班同学的情绪跌落到谷底。我熬夜写了一个剧本，然后组织同学排练，新节目顺利通过学校审核，最终斩获全校一等奖。

2010 年，曾经被亲戚认为未来只能当苦力的我，曾经几乎被所有人认为连高中都考不上的我，考上了"双一流""985"国家重点大学。

2011 年，受看过的企业家传记影响，我开始创业，在自己宿舍开了一家小超市。每个月有 3000 元左右的收入，由舍友帮我管理。随后我扩大经营，"垄断"学校足球场、篮球场、羽毛球场的饮料市场，并开始聘请自己的同学帮忙……创业期间，我每周会请全宿舍同学吃饭，有时候还会请全班同学吃饭……

2012 年，身为院篮球队、长跑队、拔河队队员的我由于运动量过大，导致双膝膝关节劳损，不能再做生意了，创业暂停。我开始疯狂地看书，平均每天看一本，有时候甚至一天看两三本，从早到晚。宿舍熄灯了，用台灯继续看。图书馆的好书经常被同学借走，幸好我创业还有积蓄，全部用来买书。一年的时间，我花了近万元买书！我一年花在买书上的钱，竟然比我上大学一年所交的学费还要多！从《人生》到《活着》，从《沉思录》到《传习录》，从《平凡的世界》到《了不起的盖茨比》，从《明朝那些事》到《激荡三十年》……大学毕业前我看了 500 多本书。

2013 年，由于我长时间坐着看书，导致腰椎间盘突出。双膝膝关节劳损，就不能长时间站着；腰椎间盘突出，就不能长时间坐着：我只能躺着。这时候，除了自己依旧乐观自信，所有人都认为我的前途一片黑暗：原来那么强壮的一个人，现在变成一个废人，连站都站不起来！

我辗转了四五所三甲医院，治疗效果都不明显。体重变化倒是挺明显的，从 138 斤，变成 183 斤。怎么办呢？最终我只能自己上网买几本有关腰椎间盘突出的书，看完后总结出一套治疗腰椎间盘突出的方法，开始游泳与吊单杠，身体才逐渐康复。

2014 年下半年，身体基本痊愈，我开启个人全国巡回演讲。至今演讲过近千所学校，包括北京大学、兰州大学、广东外语外贸大学、"广东第一名校"华师附中、白云华附、天河华附、华附番禺小学等。

2016年5月，我开始每天给自己女儿"小馒头"写一封信，每天4点59分前起床，从不间断。至今写了1600多封家书。我还会继续写下去，直到她上小学为止。

2016年9月，开启湖南山区、云南山区支教之旅。

2017年3月，成为中小学生IEEA英语能力展示活动广东省首席培训师。

2017年10月，成为国际著名艺术家翟思庭（Justin Ole Fischer）中国区首席翻译。

2018年12月，成为国家高级演讲师，并成为美国电影明星布赖恩·班诺维兹（Brian Banowetz）随行翻译。

2019年3月，出版《生命不息　疯狂不止》。

2019年8月，成为广东演讲学会英语演讲专委会执行理事长。

2019年12月，创立读书会，开始讲书。

2020年6月，成为广东教育学会中小学生阅读研究专业委员会理事。

三

这些年来一直有个疑惑伴随着我：2013 年，在我人生最低谷的时候，在我双膝膝关节劳损、腰椎间盘突出的时候，在所有人都认为我的前途一片黑暗的时候，我为什么还能乐观、自信地面对未来？

2020 年 6 月 19 日晚上，我找到了答案。

当晚我开始阅读《还是钟南山》。看完钟南山院士写于 1997 年的自述，我就感动到泪流满面，不能自已。七年来的困惑也随之豁然开朗。

钟南山在我们心里，不仅是一位医术高超、对病人高度负责的院士，也不仅仅是一位在重大公共卫生事件面前挺身而出、敢于直言的勇士，更是一位在众多抉择时刻，能做出关键选择，给我们未来的人生带来启示的无双国士。

2003 年的"非典"，记忆依旧深刻，那时候，钟南山接受采访时传递出来的是自信，是乐观。而面对 2020 年的新冠疫情，钟南山传递出来的依然是自信和乐观！

面对重重困难，钟南山的自信与乐观来自哪里？

带着无比崇拜的心情，我读完《还是钟南山》，找到了答案。

自信与乐观来自于钟南山为国为民、正念利他的使命与价值观；

自信与乐观来自于钟南山高超的医学专业水平；

自信与乐观还来自于钟南山的超强影响力。

我想，关于钟南山的影响力，关于全国人民对他的喜爱与信任，最好的体现之一就是那个段子："初一一动不动；初二按兵不动；初三纹丝不动；初四岿然不动；初五依然不动；初六原地不动；初七继续不动；初八还是不动。几时能动？钟南山说动才动！"

在这股影响力中，重点有三大能力：阅读、写作、演讲与口才。

在《还是钟南山》里，不断有这样的描述。

关于阅读：

每当活泼好动的钟南山一来到父亲的书房，就像变了个人似的沉静下来，沉迷在书的世界里，书像是一个奇妙的世界，深深地吸引着钟南山。

……（钟南山）一有时间，连觉也顾不上睡，就忙着翻阅各类资料文献……

……钟南山经常夜不能寐，书房的灯光亮色通宵……

正是这样的钟南山，让他在英国留学期间的导师——最初看不起中国人的弗兰里教授，发出这样的感慨："在我的学术生涯中，曾经与许多国家的学者合作过，但我坦率地说，从未遇到过一个学者，像钟医生这样勤奋，合作得这样好，这样卓有成效。"

看到这段文字的那一瞬间，我泪如泉涌，同时为我是中国人而感到无比骄傲！

关于写作：

从此我（钟南山）刻苦钻研技术，废寝忘食，每天工作到深夜。在 8 个月时间内，写下了四大本医疗工作笔记，体重也掉了整整 12 公斤，我很快胜任了临床工作。

2008 年，钟南山等发表的名为《羧甲司坦对慢性阻塞性肺疾病急性发作的作用（PEACE 研究）：一项随机安慰剂对照研究》的论文，以最多票数被《柳叶刀》（THE LANCET）评选为"年度论文"，这是中国科研工作者首次获得此殊荣。

奇迹出现了，钟南山和攻关小组上报广东省卫生厅。卫生厅组织专家讨论，修改完善，2003 年 3 月 9日以《广东省医院收治非典型肺炎病人工作指引》的名义下发各地市与省直、部属医疗单位……在钟南山为代表的广大医务工作者的努力下，广州非典疫情渐渐被控制住了。

关于演讲与口才：

他（钟南山）是 2003 年中央电视台"感动中国"年度人物，颁奖词中这样说道："他说：'在我们这个岗位上，做好防治疾病的工作，就是最大的政治。'这掷地有声的话语，表现出他的人生准则和职业操守。他以令人敬仰的学术勇气、高尚的医德和深入的科学探索给予了人们战胜疫情的力量。"

在钟南山心目中，"真话和真药一样重要"。他的每一句话，如阳光般温暖而坚定，安抚了一颗颗在突如其来的疫情中迷茫恐惧的心。

阅读完全书，一个实事求是、坚定勇敢，面对困难却淡定无惧的科学工作者形象跃然眼前，让人增添一股强大的能量。增添了在艰难中的信念，增添了在磨难中的勇气，增添了在困顿中的坚韧！我立马在读书会为大家讲了《还是钟南山》这本书，把这股力量传递出去。

蓦然回首，这股力量和当初支撑我走出人生低谷的力量何其相似！

因为正念利他的价值观，我在学生时代除了自我成长，同时也带领同学一起进步，再到后来去山区支教。

因为自己在英语方面的专业水平，所以对未来永远积极乐观：中学时代英语成绩全市第一，演讲全市第一，再到成为世界著名艺术家中国区首席翻译……

因多年来一直刻意练习自己的阅读、写作与演讲三方面能力，所以哪怕要在病床上躺将近一年时间，哪怕所有人都认为我的未来一片黑暗，我都可以自信地面对人生，最终不仅站了起来，更用中英文演说的力量，激励成千上万学子！并在 2019 年创立读书会，开始讲书！

现在会唱歌的孩子越来越多，会跳舞的孩子越来越多，会各种乐器的孩子也越来越多。但是热爱阅读、喜欢写作以及会演讲的孩子却凤毛麟角！

而一个会讲书的孩子一定爱阅读，一个会讲书的孩子一定能写作，一个会讲书的孩子一定会演讲！

在读书会讲完《还是钟南山》这本书，我找到了更大的使命，那就是培养一大批优秀的少年讲书人。让阅读者成为明星，让讲书人引领时代！

于是在 2020 年 6 月底，我与广东广播电视台现代教育频道艺术团团长、童年童悦少儿春晚总导演肖惠，国家高级演讲师、广东演讲学会英语演讲专业委员会副理事长欧祖洋，一起策划了《少年讲书人》电视展评活动。

我们深知，导师的力量可以影响当下，少年的力量将会影响未来。在少年的讲书中，我们将看见未来！

我的故事讲完了。少年讲书人，你讲，我们听！

一、开头引人入胜

当阅读遇到演讲，就变成了讲书。

一个好的讲书人要像导游，让大家在书中尽情遨游；

一个好的讲书人要像导师，让大家攻破一个个未知；

一个好的讲书人要像导演，为大家呈现一场文化的盛宴。

如何讲好一本书，我总结为三点：

第一，开头引人入胜；

第二，主体逻辑清晰；

第三，结尾升华主题。

好的开头是成功的一半。开头如何引人入胜？答案是最好在三句话之内就牢牢抓住听众的注意力，甚至让他有这样的感觉：不听你把这本书讲完，就亏了。

如何做到这一点呢？下面分享三个方法。

第一个方法是：用书中最精彩的故事、最完美的案例、最具颠覆性的观点开头，比如《少年讲书人》（第一季）电视展评活动 27 强选手龚子欣同学的开头：

大家好，我是少年讲书人龚子欣，今天我给大家讲一个《枣娃娃》的故事。

"找娃娃？"谁家的娃娃丢了？不！我说的不是寻找的找，而是红枣的枣。他是一个用枣核雕刻出来的娃娃——枣娃娃。他身高不过二三厘米，大小也就跟一颗花生米相差无几，他头戴虎头帽，项带平安锁，灵巧可爱。

龚子欣同学一开口，瞬间就抓住了评委的注意力。

闫尚博同学也用了这种方法开头，非常精彩：

大家好，我是少年讲书人闫尚博，今天我要给大家推荐的这本书是作家荆方的《古都"食"空大冒险：千年夜市的美食秘境》。这是一本专为孩子创作的博物历险小说，如果让我来概括这本书，我觉得它的关键词有两个：一个是穿越，一个是美食。光看这两个关键词，相信很多小书虫都已经非常感兴趣了吧。

开头就抛出这本书的两个关键词——美食与穿越，让很多听众瞬间就失去了"抵抗力"。

我在《少年讲书人》读书会里分享的《曾国藩传》开头也采取了同样的方法：

有一个小孩，他很笨！别人用五遍就能背下来的文章，他可能背二十遍都背不下来。

有一天，一个小偷去他们家偷东西，这个孩子当时正在背《岳阳楼记》。小偷看他在背书，"噌"的一下就蹿到房梁上去了。

小偷心想：一会儿等他背完书睡觉了我再偷。结果小偷等啊等，等啊等，这个小孩把《岳阳楼记》背了几十遍都没背下来，并且还没有休息的意思。

最后小偷先崩溃了，一下从房梁上跳了下来，指着这孩子说："你怎么那么笨呢，《岳阳楼记》都背不下来，我给你背一遍！"

小偷一字不差地把《岳阳楼记》背诵了一遍，在狠狠鄙视完这个孩子之后忘了偷东西就回家了。

这个小偷是谁我们不知道，但是这个孩子的名字叫曾国藩。

我在分享刘媛媛的《精准努力》时，采取的也是同样的方法：

今天为大家分享的这本书，主要讲述了刘媛媛如何从演讲小白蜕变成《超级演说家》全国总冠军，如何从高一成绩年级垫底，到最终考上北京大学的故事……

开头三句话就抓住了一大批孩子和家长的注意力。

开头引人入胜的第二个方法是：用与本书相关的生活场景，或你自己的故事开头。

这一点曾樱同学和孙芷慧同学做得很好，她们的开头分别是：

曾樱：亲爱的评委老师，你们好！我叫曾樱，今年10岁，因为我出生在五月，五月正是樱桃盛产的时候，因此爱吃樱桃的爸爸给我取名叫曾樱。我是一个小吃货，所以这套《古都"食"空大冒险》就非常合我的胃口。

孙芷慧：俗话说，民以食为天。说到美食，我脑海中马上联想到我最爱看的中央电视台播出的《舌尖上的中国》这个节目，爸爸因此还给了我一个"小吃货"的外号呢！怀着对传统美食的好奇和热爱，我在暑假读了《古都"食"空大冒险：胡同里的满汉全席》。

用跟书中相关的生活场景，特别是自己的亲身经历开头，瞬间就会让听众有强烈的代入感。

开头引人入胜的第三个办法是：用提问、幽默或设置悬念等技巧开头。

比如说冯程晨的开头：

你在小溪边捡过石头吗？你知道石头有多神奇吗？你见过蓝色的石头吗？

说完主人公就开始捡石头了。

他们啊，要找一块蓝石头。一块像大海一样蓝、像天空一样明净、像露珠一样亮的蓝石头。为什么呢？嘘……这是个秘密！

这让当时在当评委的我，一下子就把两只耳朵给竖了起来，生怕漏掉她所说的每一句话，迫切地想知道蓝石头的秘密。

《少年讲书人》第一季年度总冠军刘晨同学的开头非常有趣，同时又让人充满好奇。

这个暑假，我阅读了一本有趣的书《吃进肚子里的诺贝尔奖》。听书名，大家就觉得很奇怪吧！诺贝尔奖怎么能吃进肚子里呢？

一开口就让评委对她的讲书非常感兴趣，是一个非常优秀的开头。

《少年讲书人》活动组委会的老师都爱讲书，有一次林秋梅老师在分享尼克·胡哲的《人生不设限》时，开头也用到了这种方法，让人印象深刻。

大家好，我是讲书人林秋梅。今天我要分享的这本书的作者，很特殊，因为他一生下来就没有四肢。

现在，我想邀请现场的所有朋友做个小测试：请把自己的双脚并拢并固定不动，把自己的双手放在身后，想象一下，如果没有了双手，你自己会刷牙吗？如果没有了双手，你自己会吃饭吗？如果没有了双手和双脚，你跌倒了，自己还能够站起来吗？

我自己试验过，脸朝下，趴在床上，试着不用手脚的力量自己站起来，真的很难！

而尼克·胡哲一生下来就没有四肢，但他竟然可以跟我们正常人一样自己刷牙、洗脸、吃饭，他甚至还学会了很多普通人都不会的技能，如冲浪、潜水、打高尔夫球、踢足球等，同时拥有自己的公司和幸福的家庭，他还有四个健康可爱的孩子。如今的他已成为全球著名的励志演说家，在30多个国家发表过数千场演讲。尼克·胡哲从一无所有，到一无所缺，活出了不受限的人生奇迹！

总结一下，开头如何引人入胜？三个方法：

第一，用书中最精彩的故事、最完美的案例、最具颠覆性的观点开头；

第二，用与本书相关的生活场景，或你自己的故事开头；

第三，用提问、幽默或设置悬念等技巧开头。

我们可以用以上一个或多个方法作为讲书的开头，也可以用其他适合自己的方法开始我们的讲书，目的只有一个：一定要在讲书的开头就牢牢抓住听众的注意力。

例如我在《少年讲书人》读书会里分享《好听》这本书时，开头就综合了第二个和第三个方法。

我先给大家讲了一个自己的故事：

2018 年 5 月中旬，我的全国巡回演讲走进茂名，五天时间演讲了 14 场。

前面八场演讲，全部由我来讲，第 9 场开始，为了锻炼新人，我安排一位年轻的老师来讲一会儿。结果第 9 场演讲结束，这位老师的嗓子就开始嘶哑了，第 10 场演讲进行到一半，他就开始说不出话来。

于是我接过麦克风，将第 10 场，以及接下来的第 11 至第 14 场演讲讲完。

茂名巡回演讲结束后，我开始培训所有老师如何正确发声，自那以后，团队所有老师外出演讲，不管是面对几百人，还是几千人，演讲两个多小时，嗓子都从来没有再嘶哑过。

其实老师需要学会如何正确发声，学生又何尝不是如此！

我演讲过近千所学校，遇到很多的孩子由于不会正确发声，导致声音有些嘶哑，甚至损害了自己的嗓子，造成终身的遗憾。

故事讲完，我开始提问：

如何让你的声音充满磁性？

如何让你的声音充满穿透力？

如何让你说起话来字正腔圆？

如何让你的嗓子不再嘶哑？

如何让你像邓紫棋一样底气十足？

如何让你的声音好听？

今天我来为大家揭晓答案！

怎么样？你的注意力是否被吸引住了呢？好的开头，能牢牢抓住听众的耳朵和心。

二、主体逻辑清晰

分享完如何开头，接下来分享如何让主体部分逻辑清晰，同时兼具简洁性、趣味性、故事性。

同样分享三个方法。

第一个方法：按照所讲书籍的逻辑框架进行讲解，面面俱到。

有的书籍自带非常清晰的逻辑，我在《少年讲书人》读书会里为大家分享的《高效能人士的七个习惯》以及《六项精进》都是如此。因此，我在分享《高效能人士的七个习惯》时，直接从第一个习惯讲到第七个习惯；在分享《六项精进》时，直接从第一项精进分享到第六项精进，最后教大家如何学以致用，都取得了不错的效果。

许芷瑶同学在为我们讲解绘本《蓝石头》时，也采取了同样的方法：

1. 这本书讲述了金瓜儿和银豆儿为妈妈寻找生日礼物的故事。

2. 金瓜儿和银豆儿一心想找一颗蓝石头，可是去了很多地方，也捡到很多不同形状的石头，但还是没有找到理想的那颗。

3. 石爷爷帮他们在石头上画上了漂亮的图案，可是他们内心还是非常想要一颗蓝石头。

4. 在无意间他们遇到一个小男孩，小男孩看上了他们手里的有图案的石头，于是用自己的蓝石头和他们做了交换。

5. 金瓜儿和银豆儿把妈妈碎掉的蓝石头项链换上新的蓝石头，准备在妈妈生日那天送给她。

接着芷瑶同学分享到：

在作者的描绘下，绘本里每颗石头都有自己的生命，都是独一无二的……都是大自然馈赠给我们的精妙礼物，能与大自然亲密接触，真是太幸福了。

幸福当然也少不了父母的陪伴。金瓜儿和银豆儿对妈妈深切的爱，深深打动了我。

妈妈用生命孕育了我，用爱心陪伴我成长。妈妈给了我无私的爱，我也要用真诚回馈她……

芷瑶同学按照《蓝石头》的逻辑框架讲书，娓娓道来，面面俱到。

但问题来了，绘本相对比较简单，能采取这样的方法。可如果讲书时间有限制，所选取的书籍内容又比较多，而且假如所选书籍的逻辑比较复杂，还能采取这种方法讲书吗？答案是否定的。

《少年讲书人》（第一季）电视展评活动有位选手，在很多方面的表现都相当出色，让现场评委赞叹不已！但她在讲书的主体部分想要表达的东西太多了，而内容又没有经过合适的归纳与整理，最终导致逻辑有些混乱。我点评道："我虽然记住了你，但忘记了你所讲的内容。"这个故事告诉我们：在规定的时间内讲书，切勿盲目追求面面俱到！

如果一本书的要点太多，而你讲书的时间又有限，怎么办？

可以采取让主体逻辑清晰的第二个方法：归纳筛选出全书最重要、最有价值的几个部分进行讲解。

这点宋卓航同学就处理得非常好。他为大家分享的书籍是《中国民间故事》。全书共有 42 个故事，故事之间并没有太大的逻辑关系，哪怕光把这 42 个故事的标题念完，时间就过去一大半了，怎么办呢？

卓航同学先将 42 个故事进行了归纳，简洁明了。

我今天要跟大家分享的是《中国民间故事》。整本书有很多故事，主要分为四类：

1. 地理传奇，主要是说中国地理景点的由来。例如，西湖断桥、黄山的由来、日月潭的故事等。

2. 传统节日的由来，例如，年兽的故事、端午节的故事、泼水节的传说等。

3. 人物传奇，例如，神医华佗、花木兰替父从军、聪明的阿凡提等。

4. 神话传说，例如，牛郎织女、白蛇传、葫芦娃等。

然后从四类故事中筛选出两个最具代表性的故事和大家分享，趣味性与故事性十足。

这里有两个故事想跟大家共同分享。

我以前一直觉得很奇怪，大家过春节为什么叫过年？直到我看了年兽的故事，我才知道：古时候的人们认为在春节的时候有一种叫"年"的怪兽会到人间捣乱。后来，有人发现"年"这种怪兽害怕红色、火光和炸响。所以，人们一到春节就穿上喜庆的衣服，放烟花、爆竹，把"年"吓跑。多有意思的故事呀！这充分展示出中华民族不屈与乐观的精神，一代代传承至今。

另一个故事是讲神医华佗的。华佗是东汉时期伟大的医生，一辈子行医，治病救人。我知道他很多传奇故事：为关云长刮骨疗伤，给曹孟德医治头风。但更多的是他给老百姓看病，在治病的过程中，他发明了最早期的麻药——麻沸散，让中医药领先世界1500多年！让中华民族少受病痛的折磨！

这样一来，主体部分逻辑就非常清晰了，给听众留下深刻的印象。

曹纾菡同学采取了同样的方法，她分享的书是《古都"食"空大冒险：千年夜市的美食秘境》。

在讲书的主体部分，她先归纳了四件奇特的事情，很有趣味性。

第一件，宋朝人把包子叫作馒头，把饺子叫作馄饨；

第二件，宋朝人中午十二点的时候都不吃饭，他们只在辰时和申时的时候吃正餐，辰时就是上午七点到九点，申时就是下午三点到五点。

第三件，宋代还没有沐浴露，所以宋朝人就把澡豆当成沐浴露，把它擦在身上，然后再用水冲洗干净。

第四件，也是最后一件，宋朝人每次吃东西前都要先上看盘。看盘就是把一些菜肴放到桌子上用来装饰，上完看盘服务员才让客人点餐，而且他们那里没有一本一本的菜单，服务员都是把菜的名字全部背出来让客人点菜的。

随后纾菡同学通过筛选，为大家分享了宋朝著名的美景与美食，说到她自己都快流口水了。

最后纾菡同学告诉大家："这本书里还有很多精彩内容，我讲三天三夜都讲不完，如果你们想知道的话，那就快来跟我一起看吧！"逻辑非常清晰。

郭梓坤同学为我们分享的是《口罩里的春天》，他在讲书的主体部分，归纳筛选出全书最具代表性的案例，以排比形式展现出来，给人一种无穷的力量，取得了意想不到的效果。

在 30 多个抗疫故事里，汇聚了千千万万个美好动人的场景，刻画了一个个守护生命真善美的可爱可敬的人，字字句句照见爱与生命的温暖瞬间。

他们中间，有告诉我们"真话和真药一样重要"的民族脊梁钟南山；有站在生物安全防控最前线"与毒共舞"的女将军陈薇；有敢为人先的"疫情上报第一人"张继先；有身患渐冻症"与时间赛跑"的武汉金银潭医院院长张定宇；有万众一心、彰显"中国速度"的火神山、雷神山医院建设者们；有满脸印痕却依然微笑的白衣天使们；有勇敢护送医护人员的"摆渡哥"；有身在方舱医院治疗仍静心读书的"读书哥"；有在家好好学习，等父母抗疫凯旋的小同学；有在祖国危难时，捐款捐物不留名的普通人……

主体逻辑清晰的第三个方法是：重点分享书中最能突出主题的1—3个故事或案例，并适当表达自己的收获与感想，以点带面。

这一点李鑫文同学做得很好。他为我们分享了《等你回家》这本书，重点讲了三个故事。

第一个故事：

当爸爸被转移到普通病房后，女儿第一次来看望他，他惊喜焦急地转过头去，因为太过着急，在扭头的一瞬间，伤口撕开了，血瞬间流了出来……这父女之间深厚的亲情打动了我。

第二个故事：

弟弟第一次去看望毁容后的爸爸，由于害怕，他一直不敢进病房，爸爸就将脸蒙在被子下，发出平时和弟弟玩的小猪佩奇里猪爸爸的声音，让弟弟克服恐惧。父爱如山，无声厚重。

第三个故事：

在小说的结尾处，弟弟对姐姐说："我只希望他当我们的猪爸爸，不希望他当英雄，因为当英雄会疼。"看到这里，我鼻子酸酸的，心里一阵阵钝痛……

其实，我们眼中的英雄也是普通人，他们也是父母的孩子、妻子的丈夫、孩子的爸爸，他们跟我们一样会疼，一样需要爱。

评委们都深深沉浸在鑫文同学分享的故事里，有的评委甚至前后哭了好几次，完全被打动。

总结一下，主体如何逻辑清晰？三个方法：

第一，按照所讲书籍的逻辑框架进行讲解，面面俱到；

第二，归纳筛选出全书最重要、最有价值的几个部分进行讲解；

第三，重点分享书中最能突出主题的 1—3 个故事或案例，并适当表达自己的收获与感想，以点带面。

⊚ 三、结尾升华主题

分享完开头如何引人入胜，以及主体部分如何逻辑清晰，最后我们来分享结尾如何升华主题。

要求是：尽量用1-3句有感染力、有说服力的话把所讲书籍的主题高度概括出来。

如何做到这一点，同样分享三个方法。

第一个方法：用前后呼应的方式结尾。

何明栩同学为大家分享《小号天鹅》时完美地采用了这种方法。

她在开头为大家分享道：

使命是什么？

开花结果，是大树的使命；

驱散寒冷，是春风的使命；

照亮黑夜，是灯光的使命。

随后明栩同学为大家介绍了小号天鹅的使命，由此联想到北斗卫星导航仪科研人员们：

> 他们为了不让中国在通信定位领域被别国扼住颈喉，只用了三年时间就完成了其他国家20年才完成的科研壮举。这背后，是无数汗水与心血的凝聚，也是年轻一代科研人员爱国强国使命感的体现。

最后，明栩同学为我们分享到：

> 作为新一代的小学生，我们不能贪图"鸭群"的安逸，进而丧失拥抱使命的能力。我们要像小号天鹅学习，勇于脱离自己的舒适圈，飞向那蔚蓝的天空，拥抱自己的使命。

前后呼应，浑然一体，意蕴深长，回味无穷。

结尾升华主题的第二个方法：引用或改写书里精彩的句子做结尾。

每本书里一般都有写得很精彩又能升华主题的句子，可以单独拿出来，做我们整本书解读的收官。

刘彦祺同学为大家分享的书是《口罩里的春天》，她的结尾引用了很多书中精彩的句子，升华了整个讲书的主题。

这本书教会我如何敬畏生命、守护生命；让小学生的我明白读书随处净土，方法总比困难多。

感谢所有守护我们生命的英雄们！谢谢你们！我们在口罩筑起的防线后面，终将一起迎来春天！

我在《少年讲书人》读书会里分享《忙碌爸爸也能做好爸爸》时，是这样结尾的：

在这本书自序部分作者写道：

五岁时，我和自己做了一个约定。每次和爸爸打电话时，挂电话前的最后一句话必须是"我爱你！"这样一来，即使是我和爸爸的最后一次通话，我也是在表达对他的爱意。

看完这本书后，我和自己做了一个约定。

每次和爸爸打电话时，挂电话前的最后一句话必须是"爸爸，您辛苦了！"这样一来，即使是我和爸爸的最后一次通话，我也是在表达对他的敬意。

同时，每次和"小馒头"说晚安前，最后一句话必须是"小馒头，爸爸爱你！"

结尾升华主题的第三个方法：用震撼排比、名人名言或诗词式的句子等方式结尾。这是最简单、最常用，同时又非常具有感染力、说服力的方法。

刘晨同学的讲书就是以第三种方法结尾的，非常精彩。

做一件事并不难，难的是在于坚持；坚持一下也不难，难的是坚持到底。

滴水可以穿石，不是因为其力量，而是因为其坚韧不拔、锲而不舍的毅力！

小伙伴们，让我们多读书，树立远大的志向，为自己的梦想坚持到底，一起迎接黎明的曙光。

刘晨同学夺冠当天，我的点评是：

刘晨同学的讲书让我有一种感觉，可能让很多观众也有同样的感觉：通过正确的方法加努力，我们也能拿诺贝尔奖！

这就是讲书人的使命，用讲书让人爱上阅读，用讲书让人获得力量，用讲书让人产生行动！

结尾升华主题，这点刘晨同学做得很棒，这也是她夺得《少年讲书人》第一季总冠军的重要原因之一。

还有很多同学的结尾也非常精彩，值得大家学习。

李晓萌同学为我们分享了《口罩里的春天》：

这些身边的人、真实的事，汇集成"敬畏""守护""热爱""成长"四个篇章，让我学会在灾难中学习，思考生命的价值与意义。

我会爱我的祖国，祖国是我们强有力的依靠；

我会爱生活，在蔚蓝的天空中自由地飞翔；

我会爱自己，努力学习天天向上，成长为明责任、有担当的新时代学生！

最后分享丁逸轩同学的讲书。别具一格，因为他用的是自己写的诗歌结尾，让人眼前一亮！

师徒四人有梦想，一心向着众生想。

师徒各个有特长，斩妖除魔西天往。

孙悟空，猪八戒，齐心协力把妖灭。

沙和尚，跟三藏，勇往直前一级棒。

红领巾，学西游，以德服人交朋友。

爱祖国，爱学习，团结一致心要齐。

勤奋好学齐上进，增添光荣红领巾。

修品行、练本领，做好祖国的接班人。

最后总结一下，结尾如何升华主题？三个方法：

第一个方法，用前后呼应的方式结尾；

第二个方法，引用或改写书里精彩的句子做结尾；

第三个方法，用震撼排比、名人名言或诗词式的句子等方式结尾。

写在最后

如何讲好一本书？答案是：开头引人入胜，主体逻辑清晰，结尾升华主题。

而根据著名的"学习金字塔"显示：最高效的学习方法是教导他人或即时应用所学知识。

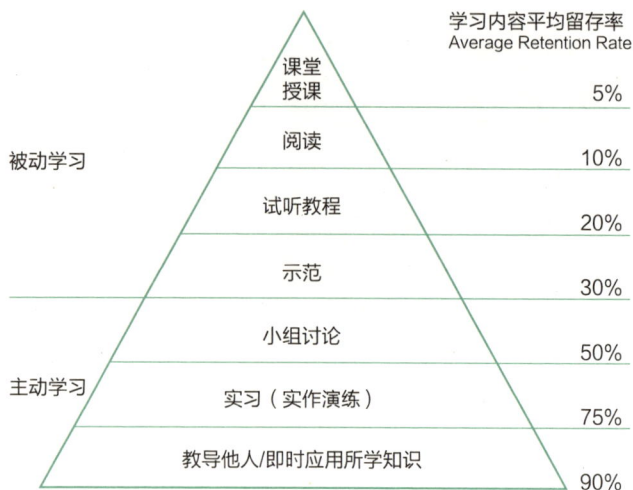

学习内容平均留存率
Average Retention Rate

	学习内容	留存率
被动学习	课堂授课	5%
	阅读	10%
	试听教程	20%
	示范	30%
主动学习	小组讨论	50%
	实习（实作演练）	75%
	教导他人/即时应用所学知识	90%

阅读输入，讲书输出。《少年讲书人》读书会火热开展中！欢迎大家加入我们！

《少年讲书人》电视展评活动火热进行中！让我们即时应用所学到的知识，一起讲书吧！

《少年讲书人》社团在全国各地的中小学校火热开启中！如果你热爱讲书，如果你想将你所学到讲书知识分享给他人，带领更多人成长，欢迎申请成为你们学校《少年讲书人》社团的社长！

关注公众号，即可获取《少年讲书人》电视展评活动报名方式
关注公众号，回复"读书会"，即可加入《少年讲书人》读书会

第二章

如何讲好一本书：
自信为魂

引言　写在讲书之前（肖惠）

一

　　我出生在江西省的一个小县城——南康县（现为赣州市南康区），兄妹四人。我的父亲、母亲很有预见性，在那个仍需解决温饱的年代，根据我们兄妹四个的特点，打造了适合我们每个人的成长之路，这在那个年代（70年代）实属不易。

　　说来也奇怪，大哥上街买东西，永远只能买一样，因为第二样他记不住。可是成千上万种中药，他却能倒背如流，不得不说每个人都有"先天优势"。于是大哥成了我们家族的第7代中医。

　　大姐很文静，二姐爱体育，我最爱唱歌。于是大姐有了一大堆好书，二姐有了她的乒乓球，而我也有了自己的琴，边弹边唱，梦想成为像宋祖英一样的歌唱家。

　　就这样，艺术陪伴我一路走来。我很顺利地考取了省艺校，训练声乐、台词、形体、表演。怀着无比紧张、激动的心情，终于盼到第一堂声乐课。可当我张口唱第一句时，给我们上课的教授表情凝重，略有所思。课堂结束后，教授告知我不太适合唱歌。这犹如晴天霹雳！当时的我是如何走出课室的，已记不清楚，只觉得自己头晕目眩……

从那以后，我非常胆怯声乐课，最爱唱歌的我逐渐从不敢唱歌变成不愿唱歌。全班同学也都开始认为我唱歌是不行的，我也开始告诉自己："我不能唱歌。"

失去信心的我，把所有注意力转移到舞蹈上，我每天在练功房练习舞蹈，一遍又一遍，我逼迫自己沉静在无声的舞蹈世界里，以此来忘却自己最初的歌唱梦想。

不久，赣州市歌舞团来校选拔舞蹈演员参加中宣部"五个一工程奖"及文化部文华奖歌舞剧《山歌情》，我和高年级的一位师姐被选中；次年我又被选中去香港参加文艺表演。就这样，我在舞蹈中找回了自信。

艺校的生涯很快就结束了，我也作为舞蹈演员被歌舞团录取，老师和同学们都对我寄予很高的期望，我未来的道路已然被确定。

然而一连串的疑惑让我陷入无尽的迷茫：我的未来

真的确定了吗？我的梦想真是舞蹈吗？我真的不适合唱歌吗？

二

我把自己关在房间，随手打开录音机，这时传来宋祖英的歌声，一股熟悉的力量瞬间贯穿我的心田，熟悉的歌唱梦想让我泪流满面，我暗暗下定决心：从头再来，为梦想再拼一次！

我偷偷联系了广州的远房亲戚，然后给父母留下纸条，买了车票独自一人来到广州。通过自己的不懈努力，我顺利通过专业考试，考取了著名的星海音乐学院音乐教育系。

命运和我开了一个天大的玩笑，当声乐老师梁凤英听了我的演唱后，惊讶地说："你这是一副金嗓子，非常适合演唱宋祖英的歌曲！"

我不敢相信自己的耳朵，反问老师："老师，您确定吗？确定我可以唱歌吗？"

老师非常肯定地回答"当然！"

那一晚，我彻夜未眠……

命运有时会跟你开一个玩笑，但为梦想努力的人总会满载而归。学舞蹈的人可以成为舞蹈家，学声乐的人可以成为歌唱家。而学了舞蹈和声乐，并训练了台词、形体、表演的我拥有了更多的选择权。星海音乐学院毕业后我进入电视台，选择成为新闻播音员、主持人，直至成为总制片、总导演……

此时此刻，我觉得最能表达自己心情的一段话，是来自一位作家写给孩子的信：

"孩子，我要求你读书用功，不是因为我要你跟别人比成绩，而是因为，我希望你将来会拥有选择的权利，选择有意义、有时间的工作，而不是被迫谋生。"

如今的我从事着非常有意义的导演工作，致力于培养一批批歌唱、舞蹈、播音、朗诵、主持、表演等方面的优秀人才，并努力为孩子们提供展示自己的大舞台。

三

当李哲老师跟我聊到《少年讲书人》这个项目的时候，我们一拍即合。

读书，可以让一个人收获知识；而讲书，可以让一群人获得力量。因此我们特别策划了《少年讲书人》电视展评活动这场青少年文化盛事。

　　导师的级别往往决定选手的表现，因此《少年讲书人》特别邀请了一大批顶尖专家作为本次活动专家导师，除了黄春青总编、李哲老师和欧祖洋老师，专家团成员还有：

蒋薇	广州市海珠区妇联主席、红茶书屋公益读书会发起人
甘于恩	暨南大学汉语方言研究中心主任兼语言资源保护中心主任
熊国华	广东第二师范学院教授、中国诗歌学会理事、广东作家协会校园文学专业委员会副主任
荆方	作家、广东教育学会中小学生阅读研究专业委员会理事
龙建刚	广东教育杂志社宣传策划部主任、《师道》（教研）编辑部主任
张华	中山市教体局教研室高中语文教研员
梁雪菊	中山市教体局教研室小学语文教研员、中山市小语会会长、诗人
周莲清	小学语文正高级教师、广东省特级教师、广东省首批基础教育系统"名教师"

续表

姜东瑞	深圳市南山区教科院原中学语文教研员、全国教育系统劳动模范、"人民教师"奖章获得者
刘成通	广东省儿童阅读点灯人、广东教育学会中小学生阅读研究专业委员会副秘书长、广州市越秀区教师进修学校小学语文教研员兼培训部部长
邱阳	人教版语文教材配音员、《瑞丽》杂志专栏主播、《十点读书》特邀嘉宾、全国青少儿播音主持测评师

导师已就位，等你来挑战。

一、好声音

很荣幸担任《少年讲书人》电视展评活动的总导演。在这之前，我导演了广东省中小学校园歌曲大赛、童年童悦少儿春晚、花城文明小使者、凯叔故事大赛、汉字故事大赛等活动。每次活动我都见证了孩子们的成长。而《少年讲书人》电视展评活动，让我触动最大。因为所有事业成功、家庭幸福的人士最重要的共同之处，是他们都有阅读习惯，而我们《少年讲书人》旨在培养终身阅读者，打造少年讲书人！通过《少年讲书人》活动，孩子们收获的不仅是现在，更是未来！

第一季《少年讲书人》电视展评活动虽然已经结束了，但精彩瞬间依旧历历在目。

最让我惊讶与感叹的是：选手之间的差距竟如此之大！同样是《少年讲书人》选手，有的谨小慎微、战战兢兢、局促不安，而"金牌讲书人"却个个口吐莲花、处变不惊、自信大方。

学习一定有技巧，教育一定有方法！作为活动的总导演，我想和大家分享一下如何在舞台上或镜头前自信讲书。重点在修炼"三好"：好声音、好表达、好形象。

如何拥有好声音？作为国家高级演讲师的李哲老师，在《少年讲书人》读书会里讲《好听》这本书时，就分享得非常精彩。

好声音有三大境界。第一境界叫作中气十足：中气十足的人，他们往往更有优势。比如他们的肺活量更大，说话唱歌相对轻松，音质也相对好听。

如何中气十足呢？分享一个小诀窍：闻花香。

所有同学，现在可以全身放松，把你的双手放在自己的腹部，感受腹部的变化。

假设这本书上现在有一朵你最喜欢的花，这朵花慢慢向你靠近，然后你全身放松，开始闻花香。深吸气，腹部自然膨胀；深呼气，腹部自然地收缩。闭上眼睛，来回三次。

好声音的第二个境界：字正腔圆。

分享一个非常有趣的小诀窍：上下齿咬合绕口令。意思就是上下齿对齐，贴紧不松开，完全通过自己的口腔内部来练习绕口令，长期练习，慢慢说起话来就会字正腔圆。

现在大家可以尝试一下。上下齿对齐，贴紧不松开，然后练习下面的经典绕口令：

白石塔，白石搭；白石搭白塔，白塔白石搭；搭好白石塔，白塔白又大。

发音尽量越来越清晰，速度尽量越来越快，来回三遍。

大家也可以通过上下齿咬合绕口令的方法来读自己喜欢的文章，还可以用此方法来唱歌。具体练习方法，欢迎大家观看《少年讲书人》读书会里李哲老师对《好听》这本书的讲解视频。

好声音的第三个境界：五腔共鸣。

哪五腔呢？分别是我们的鼻腔、口腔、喉腔、胸腔以及腹腔。

科学发声的核心是：两边积极，中间放松。

这就意味着我们在讲书的过程中，鼻腔、口腔、胸腔、腹腔应该是积极的，我们的喉腔，也就是我们的嗓子部位应该是最放松的，这也是正确发声、嗓子不会嘶哑的秘密。同时可以让大家的声音具有穿透力，具有磁性。

那么如何实现五腔共鸣呢?

分享一个小窍门：悄悄话法。意思就是用说悄悄话的方式交流、唱歌或者读文章。

所有同学现在可以把手放在自己肚子上，一起用悄悄话法朗读下面的《少年讲书人》电视展评活动简介，同时感受自己腹腔的变化。

《少年讲书人》电视展评活动，是由广东教育学会中小学生阅读研究专业委员会、广东广播电视台现代教育频道发起并主办，由广东哲理教育科技有限公司、中小学生语文素养展示活动广东组委会，以及广东广播电视台现代教育频道童年童悦艺术团承办的一次青少年文化盛事。旨在培养终身阅读者，打造少年讲书人。让阅读者成为明星，让讲书人引领时代!

二、好表达

何为好表达？普通话标准、咬字清晰、音色、语调、节奏、停顿、重音、抑扬顿挫、情感、情景再现等，这些都决定着表达内容的好坏。

好表达的三个境界：

（1）有效掌握语气、语调、重音、停顿

声音是有情感的，所以好表达首先要做到把握语气、语调、重音、停顿，例如，你吃饭了吗？同样一句话，不同的语气、语调，重音位置、停顿位置不一样，结果完全不同。你 / 吃饭了吗？重点在"你"，不在其他人。你吃饭 / 了吗？重点在"吃饭"，不在其他。所以，好表达，首先要划分重点，并用与之匹配的语气、语调来表达，做到大部分内容音高在中音区位置，适度响亮，重点内容可重音，并提高音量、音高、音强及音长。这部分我为大家录制了一个讲解视频，关注"少年

讲书人"公众号，回复"好表达"即可观看。

（2）刻意练习直至淡定自如

大多数人上台演讲都会有心跳加速、双腿发软、手心冒汗、声音颤抖等表现。事实上这是一种正常反应。记得儿子报名参加学校演讲比赛，我让他在家里面对我和爸爸演习一遍，儿子表现出紧张的状态，语速越说越快。第二天，我再次让儿子演讲给我们听，这一次明显比上次有进步，同时，我把演讲过程拍摄下来，让儿子自己反复观看，找出需要改进的地方。班主任为了训练他，让他在班级演讲，再一次壮大了胆量，最终，儿子获得了一等奖。

讲书也是演讲的一种，都是面对陌生的环境、陌生的人进行讲述。要克服紧张、害怕的恐惧心理，做到淡定、自如地表达，就必须做到言之有物、胸有成竹。对所讲的内容了如指掌、驾轻就熟。要做到这一点，必须有"刻意练习"的精神，可以用对着镜子、面对家人、手机录制等方式反复练习，找到最舒适、最自然、最自信的表达状态。

（3）巧用互动

互动可以作为讲书的一个有力武器，瞬间拉近与观众的距离。互动可分为：问话互动、二选一答案、举手互动、游戏互动、分享互动等。例如《少年讲书人》有位选手在讲书过程中问了一个问题：唐僧最喜欢的徒弟是哪位？作为评委的我，立即被吸引，怀着好奇的心情聆听。整个讲书过程一下子就生动起来……这就是互动的作用和魅力。

三、好形象

打造好形象有两个方法：

第一，妙用肢体语言

在这里我分享一首非常适合练习肢体语言的诗歌，大家关注"少年讲书人"公众号，回复"肢体语言"四个字即可观看我为大家录制的示范视频。

诗歌内容如下：

> 我和你，
> 左手托起希望，
> 右手迎接美好，
> 我们充满力量，
> 一起展望未来！

在讲书的过程中，肢体语言的运用要张弛有度，不可过多过于频繁，建议在重要语句上增加肢体语言，以起到锦上添花的作用。

打造好形象的第二个方法：巧用着装

着装以干净整洁、得体、大方为首要，也可以根据所讲内容搭配服装、服饰。记得《少年讲书人》第一季活动中，有一位选手手持纸扇，身穿古装，向我们娓娓道来宋朝的美食故事，为自己增添了不少光彩。

任何事情都不可能一蹴而就。余秋雨曾说："阅读这件事早一天就多一份人生的精彩，迟一天就多一天平庸的困扰。"

而讲书，是阅读后独立思考的表达，更是阅读后思想的升华。让我们一起，通过讲书成长自己、成就自己，最终遇见更卓越、更美好的自己！

第三章

如何讲好一本书：
思想为根

📖 引言　写在讲书之前（欧祖洋）

近年来的中高考，不管是英语还是语文，都有越来越多关于演讲与口才的元素。

2017 年中考，广东省英语作文题目是"语言的力量"；

2019 年高考，全国卷 I 语文作文的要求是写一篇演讲稿；

2020 年高考，全国卷 I 语文作文的关键词是"读书会""发言稿"，和《少年讲书人》电视展评活动的表现形式高度吻合。广东教育出版社黄春青总编点评道："今年的高考作文，就是在寻找少年讲书人！"

讲书其实就是把阅读和演讲完美结合。

演讲与口才对于当今青少年来说越来越重要，而最好的演讲方法之一就是讲故事。我和《少年讲书人》的故事，也是从演讲开始的。

2015 年，我大一，就读于广东外语外贸大学南国商学院。机缘巧合之下，我听了李哲老师的一场演讲，那场演讲深深震撼了我：原来会说话、会表达的老师如此令人着迷；原来有梦想、有使命的人生可以这般传奇。当时我想：如果我能站上舞台侃侃而谈那该多好啊！于是我心中种下了一颗梦想的种子：成为一名演说家。

当我得知李哲老师集训营开始招聘助教的消息时，就非常激动地去面试了，却万万没想到过程一波三折。

第一次面试，被淘汰了。

过了一段时间，第二次面试，又被淘汰了。

再过了一段时间，第三次面试，还是被淘汰了！

连续三次被淘汰给了我当头一棒，但却让我更加坚定成为演说家的梦想！

于是我总结经验，重整旗鼓。功夫不负有心人，终于在第四次面试时通过了考核，如愿以偿地成为了李哲老师集训营的一名助教老师！在协助主讲老师和李哲老师上课的同时，我自己的演讲与口才水平也有了巨大提升。但让我收获最大的一句话却是——教会他人才是最好的学习方法！

在李哲老师集训营中，参加过两次的中小学生学员，就有资格参加教练营，教练营考核通过即可成为学生教练。学生教练参加集训营不仅不需要交学费，还可以获得奖学金，更可以成为老师的小助手，带领全班同学成长！班级同学成长越快，学生教练的成长也就越快，因为教会他人才是最好的学习方法！

集训营老师的晋级系统则更有意思：

助教要想成为教练，必须先培养出三个优秀助教；

教练要想成为主讲，必须先培养出三个优秀教练；

主讲要想成为营长，必须先培养出三个优秀主讲；

营长要想成为教学总监，必须先培养出三个优秀营长。

一开始我百思不得其解，教练不是应该去培养助教吗？怎么能够培养教练呢？

李哲老师的回答简单而有力：如果教练只能培养出助教，那他这辈子都只能当教练，成为不了主讲，只有当你可以培养出能够代替你的人的时候，你才有资格走向更高的岗位！教会徒弟，吃饱师傅，教会他人才是最好的学习方法！

于是我就有了一个更大的梦想：成为教学总监！

要想成为教学总监，就必须按照晋级系统"打怪升级"，不断成长。一般的老师要当好几次助教才可能成为教练，再当好几次教练才可能成为主讲。要想成为教学总监，那是何等的不易啊！

听到我的梦想时，其他老师都笑坏了，毕竟我是全场唯一一个通过四次面试才艰难成为助教的人，要想成为教学总监，简直是天方夜谭！

我时刻提醒自己：既然我的起点比所有人都低，那我就付出不亚于任何人的努力，去书写一个绝地反击的故事。

我把在李哲老师集训营中学到的所有精华都带回学校，并开始在校园创业——每天带领我的校友提升演讲与口才。因为我坚信：教会他人才是最好的学习方法！

两年的时间我帮助了上千名大学生取得巨大的进步，同时为全国各地的集训营输送了一大批优秀的教练和主讲老师。

因此我得以在李哲老师集训营中，仅担任一次助教就成为了教练；

担任一次教练后就成为了主讲；

担任一次主讲后就成为了营长。

更不可思议的是，担任一次营长后，我竟然被聘为李哲老师集训营山东分校的教学总监！那时的我才大三。

在李哲老师集训营山东分校当教学总监，来回机票全包、食宿全包、在当地旅游费用全包，每天的课酬不加奖金，1500元。在大多数大学生还在向家里拿钱的时候，我竟做到了周薪过万。

由于出色的演讲与教学能力，我甚至在毕业之前，就被自己的母校聘请为大学老师，成为全家人的骄傲！

如今的我已成为国家高级演讲师和《少年讲书人》中英文阅读写作演讲集训营的全国教学总监，《少年讲书人》电视展评活动中涌现出来的众多优秀选手，如"年度总冠军"刘晨，"年度五强"闫尚博，"金牌讲书人"丁逸轩、刘彦祯、曹纾菡、李鑫文、许芷瑶、郭梓坤、孙芷慧、曾樱、李晓萌等都在集训营中得到进步与成长。

最后，我想再次告诉大家：读懂一本书最好的方法就是分享书中的内容，通过讲书，教会你的亲朋好友。因为，教会他人才是最好的学习方法！

📚 如何讲出思想

2020 年 8 月 29 日上午，《少年讲书人》"年度书香之星"争夺战开始前，专家团召开了本次活动的最后一次会议。

会议接近尾声时，李哲老师跟各位专家一起再次明确了本次评审的规则：

（一）讲书内容

1. 主题明确，逻辑清晰，富有意义；

2. 内容积极向上，价值观取向正确，符合新时代中小学生精神风貌。

（二）个人表现

1. 表达流畅，语言生动，表现形式丰富；

2. 着装得体，肢体语言与讲书内容吻合。

（三）录制规范

1. 录制时间符合要求；

2. 音质良好，画面清晰。

在专家团会议的最后，李哲老师总结道：

"能晋级'年度五强'的选手，都在以上各方面做得相当优秀了，而且随着多轮角逐，他们的水平越发出色。在这万众瞩目的最后关头，选手们都大有进步了，我们的选拔要求也应该更加严格，否则最后结果可能难分伯仲！在哪方面更加严格最有利于选手们的成长呢？"

广东教育学会副秘书长黄春青回答："要有思想！"现场所有专家评委均高度赞同！

讲书如何讲出思想？我以当天斩获"年度三甲"的选手为例，分享三个步骤。

1. 读懂作者想要表达的思想；

2. 取其精华，在生活中实践；

3. 分享心得，号召大家行动。

第一步，我们要读懂作者想要表达的思想。

《少年讲书人》（第一季）电视展评活动亚军获得者王紫同学读懂了《等你回家》想要表达的思想：

我们眼中的英雄其实也是普通人，他们是孩子的父母，是妻子的丈夫，也是父母的孩子，他们的家人无时无刻不在等待着他们平安归来。英雄也会疼，英雄背后的那个小家需要承载更多的艰辛和不易。

年度总冠军刘晨读懂了《吃进肚子里的诺贝尔奖》想要表达的思想：

　　每一个诺贝尔奖得主的故事，都各具特色，他们有的花了几年、十几年、几十年，甚至穷其一生的精力，通过智慧，学识和坚韧不拔的毅力，在无数次的实践中，不断总结失败的经验，最终取得了成功。是的，做一件事并不难，难的是坚持……

是啊，哪怕是诺贝尔奖得主，都要在无数次的实践中，不断总结失败的经验，最终才能取得成功！因此，我们在读懂作者想要表达的思想之后，一定要取其精华，指导自己的生活实践！

　　第二步，取其精华，指导自己的生活实践。

曾子曰："用师者王，用友者霸，用徒者亡！"书籍既是我们的老师，也是我们的朋友，所以读完一本书之后，就要取其思想精华，学以致用。

年度季军宋卓航给我们做了很好的示范，他在讲书时说道：

> 我不禁想到了钟南山、李兰娟两位院士，在国难当头，病魔肆虐之际，他们带领白衣战士逆行武汉，用他们精湛的医术和不屈的决心带领中国人民一起战胜了新冠肺炎疫情！他们是当代的华佗，民族的脊梁！
>
> 我们要用实际行动向他们学习！2020年抗疫期间，我和我的同学们共同拍摄"在一起"抗疫小视频，并在《光明日报》《广州日报》《羊城晚报》发表三篇抗疫短文，以此向战斗在一线的英雄们致敬！

> 最后一步，分享心得，号召大家行动。

正如李哲老师所说的，"讲书人的使命在于用讲书让人爱上阅读，用讲书让人获得力量，用讲书让人产生行动！"

这一点年度三强都做得很棒，以王紫同学为例，她分享《等你回家》这本书时如此说道：

> 正是因为这些"最美逆行者"的舍小家顾大家，有了他们的坚守与付出，才有了我们的"灯火可亲，岁月静好"。致敬英雄，让英雄的力量薪火相传，让时代精神照亮新的征程！

听完王紫同学的分享，让人肃然起敬的同时又充满了责任感！我们不仅要致敬英雄，我们更要让英雄的力量薪火相传，让时代精神照亮新的征程！

我们再来复习一遍，讲书如何讲出思想？

1. 读懂作者想要表达的思想；

2. 取其精华，在生活中实践；

3. 分享心得，号召大家行动。

现在大家赶紧翻开下一章，看看哪位"金牌讲书人"的文章最有思想！

第四章

金牌少年讲书人

关注少年讲书人公众号，回复"讲书人"，
即可观看本章所有选手讲书视频

备注："月度书香之星"争夺战相关视频收录于
《少年讲书人》优秀作品；"年度总冠军"
争夺战所有视频收录于《少年讲书人》读书会。

一、"月度书香之星"争夺战

讲书人 丁逸轩

《西游记》

　　提起西游记，相信大家都知道它是我国古代文学四大名著之一。那大家知道《西游记》的作者是谁吗？没错，他就是明代的著名作家吴承恩。

　　《西游记》里故事众多，情节丰富，用幻想的方式来反映社会矛盾。鲁迅先生称赞《西游记》道："承恩本善于滑稽，他讲妖怪的喜怒哀乐都近于人情，所以人人都喜欢看。"

　　现在我就简单地给大家介绍一下它。《西游记》讲的是唐朝太宗时期，一位著名僧人唐玄奘为了普度众生到天竺求取佛经的故事。《西游记》的主角有心怀慈善的唐僧，神通广大、会七十二变武艺的孙悟空，还有爱偷懒但力气满身的猪八戒，以及诚厚老实、忠心耿耿的沙悟净。他们一路降妖伏魔，历经九九八十一难后成功完成皇命取回真经。

　　今天给大家介绍的这套《西游记》分上下两卷，把九九八十一难的小故事生动形象地展示在我们眼前。看完全集，我最崇拜唐僧。当然论武功，他跟三个徒弟不在同一级别上，论办事能力，他不及孙悟空的小指头。但是这个看似文弱的唐僧，却领导着天底下最优秀的团队，跋山涉水战胜众多妖魔，取得西天真经。

　　唐僧从来不是以力胜人，而是以德服人，以仁服人，处处闪现人格的魅力。同学们，我们也要从小立志为人民做贡献，在学习和生活中我们也要不怕困难、勇往直前。

　　最后我为大家送上一段自创的诗歌：

　　　　师徒四人有梦想，一心向着众生想。

　　　　师徒各个有特长，斩妖除魔西天往。

　　　　孙悟空，猪八戒，齐心协力把妖灭。

　　　　沙和尚，跟三藏，勇往直前一级棒。

　　　　红领巾，学西游，以德服人交朋友。

　　　　爱祖国，爱学习，团结一致心要齐。

　　　　勤奋好学齐上进，增添光荣红领巾。

　　　　修品行、练本领，做好祖国的接班人。

专家点评精选

　　——"观点很有说服力，内容环环相扣，而且富有创意。"
　　——"在逸轩整个讲书过程中，最大的亮点在于结尾震撼人心！"

讲书人 刘彦祺

《口罩里的春天》

　　尊敬的各位评委、各位来宾，我是名门珠江国际小学二年级的少年讲书人彦祺，今天我给大家分享的图书是《口罩里的春天》。

　　我希望在即将战胜疫情的这个节骨眼儿，大家都可以好好读一读《口罩里的春天》，愿大家都能珍惜现在美好的每一刻，因为，并没有那么多岁月静好，总是有最勇敢的人替我们负重前行！

　　在 2020 年的春天，面对这场特殊的、没有硝烟的"战役"，面对在灾难中守护生命之火的英雄们，我们有悲痛、有感恩、有振奋——我相信，我们都在这场口罩战役里，亲历了一个特别的"生命"课堂，我们在课堂中也收获了许多感悟与成长。

　　这本书记载了许多在抗疫前线的英雄，最让我感动的，是永远站在生物安全防控战最前线的女将军陈薇；

是万众一心，彰显"中国速度"的火神山医院建设者们；是满脸印痕却依然微笑、逆向而行的白衣天使们；是在家好好写作业，等爸爸妈妈抗疫凯旋的小朋友；是在祖国危难时捐款捐物不留名的普通人……

在文章的最后，还有许多我们小朋友在疫情期间送给医护人员的画，每一幅都如此动人。这本书教会我如何敬畏生命、守护生命；让小学生的我明白读书是一方净土，方法总比困难多。

感谢所有守护我们生命的英雄们！谢谢你们！我们在口罩筑起的防线后面，终将一起迎来春天！

专家点评精选

——"彦祺同学读懂了《口罩里的春天》这本书的核心思想，而且结尾升华了主题，给人满满的正能量。"

——"总的来讲语言功底还是不错的，讲书逻辑清晰，结构完整。"

讲书人 曹纾菡

《古都"食"空大冒险：千年夜市的美食秘境》

大家好，我是东莞东城实验小学 302 班的曹纾菡，今天我介绍的书是《古都"食"空大冒险：千年夜市的美食秘境》。

这本书的主人公梅乐宝从现代穿越到了宋代，他在那里认识了孟元老、杨排风、穆桂英等人，梅乐宝在那里发现了许多奇特的事，你们想知道吗？那就继续往下听吧！

第一件，宋朝人把包子叫作馒头，把饺子叫作馄饨。

第二件，宋朝人中午十二点的时候都不吃饭，他们只在辰时和申时的时候吃正餐，辰时就是上午七点到九点，申时就是下午三点到五点。

第三件，宋代那时候还没有沐浴露这种东西，所以宋朝人就把澡豆当成沐浴露，把它擦在身上，然后再用水冲洗干净。

第四件，也就是最后一件，宋朝人每次吃东西前都要先上看盘，看盘就是把一些菜看放到桌子上用来装饰，上完看盘，服务员才让客人点餐，而且他们那里没有一本一本的菜单，服务员都是把菜的名字全部都背出来让客人点菜的。

开封的著名景点有丰乐楼、金明池、临水殿等，看到这些我都想立马穿越过去看看它们是怎样的呢？那里的著名小吃有环饼、水果圈、软羊、太学馒头等，说到这些我都要流口水了呢。

梅乐宝在那里学到了很多知识，例如，明朝的时候花生和辣椒从美洲运到了中国，从此中国有了花生和辣椒这两样食物。

跟随着梅乐宝的脚步，我知道了许多关于开封的古代知识，如果有机会，我一定要去开封那里亲眼看看，亲身体验一下那里的生活。怎么样？听了我的介绍，你们是不是也很想看看这本书呢？这本书里面还有很多精彩内容，我讲三天三夜都讲不完，如果你们想知道的话，那就快来跟我一起看吧！

专家点评精选

——"穿着古装的曹纾菡，就像一个从古代穿越到现代的小美人，对这本书内容的提炼也很到位。"

——"你讲书的内容很丰富，就像你自己说的，讲了这么多美食，自己都流口水了，老师也被你讲得流口水了，让我很想再看一遍这本书。"

讲书人 李鑫文

《等你回家》

"英雄是人民闪亮的坐标。但，英雄也是普通人，一样会疼，一样需要爱。"这句发人深省的话出自于著名文学作家吴洲星的《等你回家》。

《等你回家》是由真实事件改编而成的。里面的主人公是一名安徽特警，在一次爆炸事件中受了重伤，面部毁容，被授予了"时代楷模"称号。

书中讲述了蒋小船和弟弟蒋小旦的爸爸是一名特警，在一次执行任务时受了重伤，伤养好后，爸爸又去上班，蒋小船在这天的日历上写下几个字——等你回家。

什么是父母与孩子之间的亲情呢……

当爸爸被转移到普通病房后，女儿第一次来看望他，他惊喜焦急地转过头去，因为太过着急，在扭头的一瞬间，伤口撕开了，血瞬间流了出来……这父女之间深厚的亲情打动了我。

弟弟第一次去看望毁容后的爸爸，由于害怕，他一直不敢进病房，爸爸就将脸蒙在被子下，发出平时和弟弟玩的小猪佩奇里猪爸爸的声音，让弟弟克服恐惧。父爱如山，无声厚重。

在小说的结尾处，弟弟对姐姐说："我只希望他当我们的猪爸爸，不希望他当英雄，因为当英雄会疼。"看到这里，我鼻子酸酸的，心里一阵阵钝痛……

其实，我们眼中的英雄也是普通人，他们也是父母的孩子、妻子的丈夫、孩子的爸爸，他们跟我们一样会疼，一样需要爱。

等你回家是最平常的日常，等你回家也是最奢侈的盼望。2020 年的新冠肺炎疫情来势凶猛，许多抗战在一线的医生、护士、逆行者们都回不了家，而他们的家人都在等他们早点回家……

专家点评精选

——"以书中发人深省的句子开头，一下子就打动了我。"

——"故事感人，语言生动，你的分享将我完全带入书中了，短短三分钟，让我数次落泪。"

讲书人 何明栩

《小号天鹅》

　　使命是什么？开花结果，是大树的使命；驱散寒冷，是春风的使命；照亮黑夜，是灯光的使命。而接下来我要介绍的文章，也是关于使命。

　　《小号天鹅》，曹文轩著。主要讲述了一只天鹅在鸭群的宠溺下长大，经过多番思想争斗，终于鼓起勇气脱离温暖的鸭群，冲向蓝天，履行属于天鹅使命的故事。

　　读完《小号天鹅》，我不禁想到了最近刚发射的北斗卫星导航仪的科研人员们。他们为了不让中国在通信定位领域被别国扼住颈喉，只用了三年时间就完成了其他国家二十年才完成的科研壮举。这背后，是无数汗水与心血的凝聚，也是年轻一代科研人员爱国强国使命感的体现。

　　其实，使命感无须和风细雨的滋润，也不需暖阳沃土的呵护，狂风暴雨反而能浇灌出更灿烂绚丽的花朵。作为新一代的小学生，我们不能贪图"鸭群"的安逸，丧失了拥抱使命的能力。我们要像小号天鹅学习，勇于脱离自己的舒适圈，飞向那蔚蓝的天空，拥抱自己的使命。

专家点评精选

——"明栩的内容很完整，如果肢体语言能跟着自己分享的内容和情绪走，会给整个讲书增光添彩。"

——"稿子写得很有文采，而且你讲得也很好，更难得的是你联系到生活中去了，最后的结尾也铿锵有力！"

讲书人 许芷瑶

《蓝石头》

评委老师，你们好，我的名字叫许芷瑶，很高兴可以参加《少年讲书人》活动，今天我要给大家推荐一本书，是野孩子系列丛书中的绘本《蓝石头》。

这本书讲述了两个孩子为妈妈寻找生日礼物的故事。

金瓜儿和银豆儿一心想找一颗蓝石头，可是去了很多地方，也捡到很多不同形状的石头，还是没有找到理想的那颗。

石爷爷帮他们在石头上画上了漂亮的图案，可是他们内心还是非常想要一颗蓝石头。

在无意间他们遇到一个小男孩，小男孩看上了他们的绘画石头，于是用自己的蓝石头和他们做了交换。

金瓜儿和银豆儿把妈妈碎掉的蓝石头项链换上新的蓝石头，准备在妈妈生日那天送给她。

在作者的描绘下，绘本里每颗石头都有自己的生命，都是独一无二的，看到金瓜儿和银豆儿在大自然中找石头，就像挖取宝藏般有趣，这样的童年充满了欢笑和幸福，让我非常羡慕，山林就是一个大大的游乐场，树木溪流，果实嫩叶，都是大自然馈赠给我们的精妙礼物，能与大自然亲密接触，真是太幸福了。

幸福当然也少不了父母的陪伴。金瓜儿和银豆儿对妈妈深切的爱，深深地打动了我。

妈妈用生命孕育了我，用爱心陪伴我成长。妈妈给了我无私的爱，我也要用真诚回馈她，我希望能像金瓜儿和银豆儿一样，送给妈妈一份心意，看到妈妈幸福的笑容！

专家点评精选

——"芷瑶小朋友从这本书里学会了感恩。我觉得一本书如果能够让读者有一个好的领悟，这本书就是有价值的。"

——"芷瑶小朋友很可爱，声音也很动听，像个小百灵鸟，讲述很顺畅，个人表演天赋强，内容升华也很不错。"

讲书人 郭梓坤

《口罩里的春天》

　　读书，能让一个人增长智慧；而讲书，可让一群人获得力量。大家好，我是少年讲书人郭梓坤。

　　2020 年年初，一场突如其来的疫情肆虐全国，面对这场特殊的、没有硝烟的"战役"，中国涌现了无数守护生命之光的抗疫英雄。每个人面对生命无常，面对灾难，都亲历了一次特别的"生命课堂"，我们有悲伤、有无奈、有感动、有振奋……都对生命有着不一样的思考和感悟。

　　生命是什么？生命到底是脆弱还是坚强？我们要如何面对生命中的变数？如何找到生命的价值与意义？《口罩里的春天》让我们领悟到了生命的真谛。

　　《口罩里的春天》遴选全国上下抗击新冠肺炎疫情的感人故事，讲述不同行业、不同身份、不同年龄的人，如何用自己的行动点亮生命之光。这些身边的人、真实的事，汇集成"敬畏""守护""热爱""成长"四个篇章，阐释关于生命的价值与真义。

30多个抗疫故事里，汇聚了千千万万个美好动人的感人场景，刻画了一个个守护生命真善美的可爱可敬的人，字字句句照见爱与生命的温暖瞬间。他们中间，有告诉我们"真话和真药一样重要"的民族脊梁钟南山；有站在生物安全防控最前线"与毒共舞"的女将军陈薇；有敢为人先的"疫情上报第一人"张继先；有身患渐冻症"与时间赛跑"的武汉金银潭医院院长张定宇；有万众一心、彰显"中国速度"的火神山、雷神山医院建设者们；有满脸印痕却依然微笑的白衣天使们；有勇敢护送医护人员的"摆渡哥"；有身在方舱医院治疗仍静心读书的"读书哥"；有在家好好学习，等父母抗疫凯旋的小同学；有在祖国危难时，捐款捐物不留名的普通人……

危中有机，在这场抗疫阻击战中，我们让世界看到了中国力量！鲜红数字减少的背后，是中国人民为大家舍小家、众志成城、前仆后继的努力。

来吧，让我们一起走进《口罩里的春天》，一起来感悟什么是"中国精神"、什么是生命的价值与意义。让我们都能拥有抗疫勇士的家国情怀，学习他们坚韧不拔、迎难而上、无私奉献的奋斗精神，努力成长为明责任、有担当的新时代人才！

专家点评精选

　　——"梓坤的逻辑很清晰，而且语言也相当得体，更难得的是充满了正能量！"

　　——"梓坤有点小紧张。来到演播厅录制节目，很多孩子都会紧张，没关系，我们要多锻炼自己，把舞台当作你的家，上台就是回家，你就再也不会紧张了。"

讲书人 **孙芷慧**

《古都"食"空大冒险：胡同里的满汉全席》

　　俗话说："民以食为天。"说到美食，我马上联想到我最爱看的中央电视台播出的《舌尖上的中国》这个节目，爸爸因此还给了我一个"小吃货"的外号呢！怀着对传统美食的好奇和热爱，我在暑假读了《古都"食"空大冒险：胡同里的满汉全席》。

　　这是一本很特别的博物历险小说，书中以和清朝北京相关的著名人物、历史典故、国宝文物、地标建筑为引子，借助主人公美食小侦探"宝仔"和他的肥猫"话痨猫"的神奇经历，讲述了一段"舌尖上的趣味历史"。这本书不仅让我了解了中国的美食文化，学习到中国的历史，而且还激发了我对中国传统文化的兴趣。在我的想象中，"满汉全席"就是满族人和汉族人坐在一起吃的饭。看完这本书，我才知道原来是皇上南巡的时候，江南官员为了巴结皇上而特别制作的有当地特色的菜肴，一共有一百多道菜，山珍海味应有尽有，十分奢华。北方所说的"猪下水"，原来就是我们南方说的"猪杂"。"槽子糕"就是蛋糕，因为清朝时北京忌讳"蛋"字，凡是有蛋的词都用其他词代替。"驴打滚儿"也是糕点，因外形像老北京郊外野驴撒欢打滚儿时扬起的阵阵黄土，因此得名"驴打滚儿"，实在是太有趣了！

　　除了文字描述，书中还有很多插图，色彩鲜艳，画工精美，人物表情丰富，幽默可爱，每次看到这些插图，我都眼前一亮，不禁细细地欣赏一番。看完这本书，我感觉像看了一场既有趣又生动的历史电影，不知不觉学到了许多知识，不由感叹中华民族的传统文化真是博大精深啊！作为中华儿女，我们不仅要认真学习中华传统文化，更要弘扬和传承！

专家点评精选

　　——"芷慧同学非常可爱，很漂亮、很有灵气。你讲起书来有种语重心长的感觉，很有亲和力。"

　　——"芷慧同学讲得非常好，娓娓道来，声音也非常动听，我不知不觉学到了很多知识，更为中华民族传统文化的博大精深倍感骄傲！"

讲书人 冯程晨

《蓝石头》

大家好！我是石龙镇中心小学的冯程晨。

你在小溪边捡过石头吗？

你知道石头有多神奇吗？

你见过蓝色的石头吗？

如果你跟我一样，答案是否定的，那么，请跟我一起来阅读这本"丰子恺优秀儿童图画书奖""美国弗里曼图书奖儿童文学银奖"得主——王早早的最新作品：野孩子绘本系列之《蓝石头》吧！

打开绘本的第一页，首先映入眼帘的是一幅非常美好的画面：蓝蓝的天空下，绿色的大自然里，故事的主人公金瓜儿和银豆儿，正在一条清澈的黑溪里捡石头。

他们啊，

要找一块蓝石头。

一块——

像大海一样蓝，

像天空一样明净，

像露珠一样亮的——

蓝石头

为什么呢？

嘘……这是个秘密！

　　黑溪里有各种各样的石头，可惜，他们并没有找到想要的那块蓝石头。于是，他们去找石爷爷帮忙，石爷爷虽然没有达成他们的心愿，却用他们捡来的石头铺成了一条漂亮的花园小路，砌成了一面有趣的花园小墙，还变成了更有趣的小汽车、小房子等，还在石头上画了他们最喜欢的小豁牙和鸟窝头。哇，这一切实在是太神奇了，读到这里，我别提有多羡慕了……

　　我是在城镇里长大的孩子，我的童年除了跟小伙伴们一起画画、唱歌、看书外，很少接触书中的石头世界。我甚至不知道，小小的石头，竟然可以如此奇妙呢！看着书中一幅幅美好的场景，我真想和他们一起畅游其中啊！

　　对了，他们寻找蓝石头的秘密是什么呢？

　　如果你跟我一样好奇，那么，请去书中寻找答案吧！

　　我想，童年的美好，应该就像书中描绘的那样：肆意挥洒童年的欢乐，尽情感受大自然的美好和纯净！同时，我们也要做个懂得感恩的好孩子。用我们的爱去回报爱我们的人，让他们也幸福美满！

专家点评精选

　　——"程晨同学的表情很自然。开头用了一个修辞手法——设问，引人入胜。"

　　——"程晨小朋友的表达很流畅，让我们很轻松地听你讲了《蓝石头》这一本书，最后还跟自己的人生挂钩，升华了主题，非常优秀。"

讲书人　曾樱

《古都"食"空大冒险：千年夜市的美食秘境》

亲爱的评委老师，你们好！我叫曾樱，今年十岁。

因为我出生在五月，五月正是樱桃盛产的时候，所以，爱吃樱桃的爸爸给我取名叫曾樱。我是一个十足的小吃货，因此这一套《古都"食"空大冒险》就非常合我的胃口。今天，我想和大家一起分享那个我非常向往的一千年前开封夜市的故事。

一本好书，成就未来，一本好书，终身受益。美国诗人艾米莉·狄金森在她的诗里写道："没有一艘非凡的战舰能像一册书，把我们带到浩瀚的天地；没有一匹神奇的骏马，能像一页诗，带我们领略人世的真谛。"

读完这一套书，我深深地认同狄金森的这番话，这本书能满足我所有的幻想，给了我一次新的穿越之旅。翻开这本书，美食还在浮动，几尺高的看盘上摆放着琳琅满目，但不能吃的食物、打开彩色的青花瓷是清淡的凉浆、美丽的桃花树下大家品尝着可口的生鱼片、酷似甜甜圈味道却像烤馕的环饼、加入香料和草药腌制成的枣圈、橙子里塞满蟹肉的蟹酿橙、荷叶上玲珑剔透的包子、放在坛子里的瓜斋……豪华的餐厅里，大家一起品尝美味，一起谈天说地。

这一切也让我无限向往，在那个古代世界里，有许多美食吸引着我，我多想进入书里和梅宝乐一起品尝美食，一起了解历史。书中还有许多知识滋润着我成长，在书中，我认识澡豆、熏炉和水火棍等物品。这本书把知识融入美食中，让人在不知不觉中既学习了知识，又阅读了故事。

今天我为大家分享这套书，希望你们也能喜欢，谢谢！

专家点评精选

——"曾樱同学以自己名字的由来开头，然后非常巧妙地联系到讲书的内容，别具一格！"

——"让观众笑起来，就是最好的互动，因为这会增加观众的参与感。自嘲是一种高级幽默，你开头就说自己是一个十足的小吃货，一下子就让人感觉非常亲切。"

讲书人　李晓萌

《口罩里的春天》

英国诗人雪莱曾说："冬天到了，春天还会远吗？"

这个庚子年的春天，本该是个开满鲜花的季节，一场突如其来的疫情，改变了我们的生活。在我们的生命之堤面临倒塌之时，全国上下团结一心，众志成城，共同抗疫！中华人民在以自己的行动表示着，我爱我的祖国！

每个人在这场口罩战役里，都亲历了一个特别的"生命课堂"。这场没有硝烟的"战役"，涌现了守护生命之光的千万战士们。读《口罩里的春天》，你就会看到他们。

他们，是告诉我们"真话和真药同样重要"的民族脊梁钟南山；是永远站在生物安全防控战最前线"与毒共舞"的女将军陈薇；是敢为人先的"疫情上报第一人"张继先；是身患渐冻症仍坚持奋战在一线的武汉金银潭医院院长张定宇……是他们告诉我们，只要有扎实的技能和奉献的精神，就不怕一切灾祸和困难。

　　《口罩里的春天》汇聚了千千万万个美好动人的瞬间，和践行、守护生命的可爱可敬的人，他们用自己的行动点亮生命之光，给我们带来一场最美的"生命教育"。这本书，在春后的夏天，仍带给每一个人温暖，带给每一个人力量。我读着读着，不觉泪盈满眶。这些身边的人、真实的事，汇集成"敬畏""守护""热爱""成长"四个篇章，让我学会在灾难中学习，思考生命的价值与意义。我会爱我的祖国，祖国是我们强有力的依靠；我会爱生活，在蔚蓝的天空中自由地飞翔；我会爱自己，努力学习，天天向上，成长为明责任、有担当的新时代学生！

专家点评精选

　　——"开头引用大家熟悉的名言迅速拉近和听众的距离，然后巧妙地过渡到本书内容，全程感情充沛，最后升华了主题。"

　　——"晓萌讲的故事非常感人，你被这本书感动了，又把这份感动传递给我们，帮这本书完成了它的使命，与此同时，你也完成了讲书人的使命！"

二、"年度书香之星"争夺战

讲书人 闫尚博

《古都"食"空大冒险：千年夜市的美食秘境》

大家好！我是少年讲书人闫尚博。今天我要给大家推荐的这本书是作家荆方的《古都"食"空大冒险：千年夜市的美食秘境》。这是一本专为孩子创作的博物历险小说。如果让我来概括这本书，我觉得它的关键词有两个：一个是穿越，一个是美食。光看这两个关键词，相信很多小书虫都已经非常感兴趣了吧。

小说讲述了贪吃爱玩的小吃货宝仔跟随妈妈去开封旅行时穿越到宋朝汴梁，宝仔与《东京梦华录》的作者——足智多谋、见多识广的孟元老；令敌人闻风丧胆，表面上高傲霸道，内心却勇敢善良的穆桂英等人相遇。时逢辽兵侵宋，宝仔等人与敌人斗智斗勇，共解军粮难题，最终战胜阴谋的冒险故事。

小说中运用大量笔墨介绍了开封千年夜市的美食秘境，如大宋美食太学馒头、软羊、蟹酿橙、凉浆、枣圈等。宋朝汴梁的繁华美景、多元风俗的人情文化、宋人精致的生活跃然纸上。之所以能对这本书如此感同身受，是因为我恰巧也是河南籍广州仔，跟随妈妈去过开封旅行，而且我还在开封赶过庙会，吃过开封第一楼的灌汤包、蟹酿橙等美食，真切地体会过宋朝的味道。

书中还配了很多原创精美细致的手绘工笔插画，对于喜爱美术绘画的我来说真是一场视觉盛宴。而且每个章节都埋伏了探秘寻宝的线索，让我也像名侦探柯南一样冒险探究下去。

这本书既有情节，又生动有趣，我从书中还学到了很多有关历史和美食的知识，这也让我更加热爱祖国的大好河山。如果你恰巧也是小吃货一枚，也喜欢穿越的故事，那就去《古都"食"空大冒险》中一探究竟吧！

专家点评

邱阳

你的台风、眼神、动作、肢体语言……我都比较满意。我们是《少年讲书人》节目，重点还是在讲的内容这一块，我觉得你的内容条理相对来说比较清晰，我打 97 分。

甘于恩

以穿越和美食作为你的关键词，穿越就是从现代穿越到宋朝，美食讲的是河南的美食，整体的表达都很好，语速也很流畅。如果能够加上一个典型的案例，会给你的表现加分。我打 95 分。

黄春青

总体来说是非常棒的，首先你的表达比较流畅，对这本书内容的理解也是准确的，对本书的归纳总结也比较简洁。读完这本书以后，如果对书里写的内容有疑问那就更好了，说明你对这本书有自己的思考。整个来说，非常不错。我打 96 分。

蒋薇

刚才你的表现非常棒，我在下面听你讲书的时候很入迷。我随着你的讲书展开想象，这个宝仔，去了开封城，然后又碰到了穆桂英，然后又碰到了谁谁谁，整个把我带进去了。

第一，你的讲书非常流畅，说明你对这本书是很熟悉的，也很热爱。

第二，你特别强调了穿越带给你的感受，你好像就是书里的一个小朋友，直接进入那个场景里面去了。

第三，我觉得你讲的这个宋朝味道，表述也是挺好的，你举了很多很多例子，很多好吃的，让我很入迷。

第四，你说自己是河南籍的广州仔，让人特别有亲切感。

第五，你有自己的思考，你说通过阅读这本书，通过穿越然后又回到现在，更加热爱祖国的大好山河！

以上这五个方面说明你对这本书的理解到位了。我打 97 分。

李哲

尚博同学刚才的讲书，有三个值得大家学习的地方。

第一，逻辑性非常好。他用两个关键词让大家进入书的内容，然后再引入自己和书的关系，逐步展开，逻辑清晰。

第二个值得大家学习的地方是，有自己的特色。告诉大家自己是河南人，河南人讲宋朝河南的美食，一下子就拉近了自己和书的距离、和听众之间的距离。

　　第三个值得大家学习的地方，他的讲书特别吸引人。看这本书可以像名侦探柯南一样去冒险，瞬间就吸引了几乎所有小朋友的注意力，让大家也有读这本书的冲动。我打 96 分。

讲书人 **宋卓航**

《中国民间故事》

大家好，我是宋卓航，来自华南师范大学附属小学一年级五班。我今天要跟大家分享的是《中国民间故事》。整本书有很多故事，主要分为四类：

地理传奇，主要是说中国地理景点的由来。例如，西湖断桥、黄山的由来、日月潭的故事等。

传统节日的由来，例如，年兽的故事、端午节的故事、泼水节的传说等。

人物传奇，例如，神医华佗、花木兰替父从军、聪明的阿凡提等。

神话传说，例如，牛郎织女、白蛇传、葫芦娃等。

这里有两个故事想跟大家共同分享。

我以前一直觉得很奇怪，大家过春节为什么叫过年？直到我看了年兽的故事，才知道：古时候的人们认为在春节的时候有一种叫"年"的怪兽会到人间捣乱。后来，有人发现"年"这种怪兽害怕红色、火光和炸响。所以，人们一到春节就穿上喜庆的衣服，放烟花、爆竹，把"年"吓跑。多有意思的故事呀！这充分展示出中华民族不屈与乐观的精神，一代代传承至今。

另一个故事是讲神医华佗的。华佗是东汉时期伟大的医生，一辈子行医，治病救人。我知道他很多传奇故事：为关云长刮骨疗伤，给曹孟德医治头风。但更多的是他给老百姓看病，在治病的过程中，他发明了最早期的麻药——麻沸散，让中医药领先世界1500多年！让中华民族少受病痛的折磨！

我不禁想到了钟南山、李兰娟两位院士，在国难当头、病魔肆虐之际，他们带领白衣战士逆行武汉，用他们精湛的医术和不屈的决心带领中国人民一起战胜了新冠病毒！他们是当代的华佗，民族的脊梁！

我们要用实际行动向他们学习！2020年抗疫期间，我和我的同学们共同拍摄"在一起"抗疫小视频，并在《光明日报》《广州日报》《羊城晚报》发表三篇抗疫短文，以此向战斗在一线的英雄们致敬！

书香滋养童年，阅读丰富人生！希望接下来有机会将更多的好书，分享给大家！

专家点评

邱阳

宋卓航，我被你这种激情澎湃的演讲给带进去了。你口齿清晰，表述逻辑非常到位，条理也很清晰。特别是你的音乐。你音乐这个点踩得是非常准的，因为我们做过演讲和主持人的都知道，你要卡住那个点，正好把那个音乐放出来，这是要经过很多次的幕后训练。这个做得非常好，然后动作协调，语音也非常标准。

唯一不足的地方，就是你虽然服装搭配很好，但是脚上这鞋子不搭。最终你看起来像古装的感觉，然后底下这个鞋子是皮鞋，相当于我们经常说有人穿着西服却穿拖鞋，不是很协调，这是唯一不足的，其他都很好，包括肢体动作、语言、声音。其实讲书讲书，讲究的就是扣人心弦，环环相扣，能把听众的思维、眼睛都紧紧地锁定在你讲的内容上面，你的肢体动作上面，我给 98 分。

甘于恩

宋卓航的逻辑很清晰，把所讲的内容进行了分类。语言很流利，而且他能够把主题归纳出来，体现出我们中华文明的一些精华，另外他也结合现在抗疫的工作做了一些思考。最后谈到阅读能够丰富人生。所以总体来讲，我觉得他非常出色。我给出的这个分数是 98 分。

黄春青

你的表达激情澎湃，语言比较流利，特别是你的归纳能力非常好，而且你最后还能提出一些观点来，看得出你对阅读是有理解和认知的。我给的分数是 97 分。

蒋薇

宋卓航你好！我们都受到了你激情澎湃的感染，竟没有想到你是一个一年级的小朋友，你有这么丰富的情感，还能够和我们进行很好的交流。特别是刚刚大家点评说你把内容的分类再加上自己的思考来讲书，这些表现都很好。我给的分数是 96 分。

李哲

卓航同学本次讲书有三大优点。第一，逻辑清晰。由这一套书主要讲了 4 类故事到给大家分享到两个故事，然后讲到钟南山、李兰娟院士的故事，最后联想到自己的故事。

第二，知识面非常广，让我们评委、听众都有很大启发。

第三，演讲演讲，有演有讲，给人一种意蕴深长、跌宕起伏、能量满满的感觉。我给出的打分是97分。

讲书人 **王紫**

《等你回家》

读本好书，听段故事！大家好！我是来自岭南学校的少年讲书人——王紫。

他，面对危急险情，抢占分秒，守护一方群众；他，挺进烈焰火海，用生命捍卫特殊荣耀……他就是"105爆炸事件"中被授予"时代楷模"称号的安徽特警——张劼。

这本《等你回家》，就是以张劼为原型而撰写的长篇现实主义儿童小说。

讲述了一对姐弟——小船和小旦与特警父亲之间的故事：因为爸爸是特警，工作很忙，总是早出晚归，即使在家也要准备随时待命。就在不久前，小船和小旦姐弟俩转学了，可生活并没有他们想象的那么顺利。学校里各种接连不断的烦恼，让他们不知所措，也更加期待爸爸回家，爸爸平安回家是一家人最开心的事。然而，在一次执行紧急任务时，嫌疑人点燃了煤气罐，爸爸奋不顾身，第一个扑了上去……他用自己的身躯保护了大家，自己却被爆燃气浪冲倒在地，严重烧伤……

等你回家，不单是小船和小旦对爸爸的等候，还有妈妈的期盼、爷爷奶奶的牵挂。是呀，我们眼中的英雄其实也是普通人，他们是孩子的父母，是妻子的丈夫，也是父母的孩子，他们的家人无时无刻不在等待着他们平安归来。英雄也会疼，英雄背后的那个小家需要承载更多的艰辛和不易。

看，疫情来袭，我们的医生、护士、军人、记者、志愿者……正是因为这些"最美逆行者"的舍小家顾大家，有了他们的坚守与付出，才有了我们的"灯火可亲，岁月静好"。

致敬英雄，让英雄的力量薪火相传，让时代精神照亮新的征程！

多读书，读好书，好读书，我是少年讲书人——王紫，谢谢大家。

专家点评

邱阳

王紫同学的普通话很好，很标准，语速适中。在讲书的时候，语速过快或过慢，都会给听众的听感造成不适，你的这个语速配合今天的音乐，再加上情感的投入与拿捏，把我们带入到这个情境当中去了，这是非常好的。情感很到位，很细腻，有一种娓娓道来的感觉，娓娓道来会让人安静下来，愿意倾听。我给99分。

甘于恩

王紫以故事来引入，情节曲折，引人入胜，感情表现充沛，主题提炼也充满正能量。我打98分。

黄春青

首先你的表达比较淡定，然后描述也是蛮清楚的。说明你对书中内容的理解也是比较准确的。如果在你这个讲的过程中，能讲出你最喜欢的哪一句话或者主人翁哪句话最让你感动，也许我们会对这本书的理解更全面一些。整体来说非常棒，我给99分。

蒋薇

王紫同学，你好。刚才我们听了你的讲书，很感动。你的情感非常真挚，整体表达也很流畅。总体的表现也是非常好的。我给出的分数是 97 分。

李哲

王紫同学是 27 强里最后一位入围的选手，说明努力后的成果可能会迟到，但总会到来。刚才你的讲书，声音好听，故事精彩，而且听完后让人想立马采取行动。让英雄的力量薪火相传，人人有责。我最终给出的打分是 97 分。

讲书人 **刘晨**

《吃进肚子里的诺贝尔奖》

　　书籍是人类进步的阶梯，是文化生活的源泉。培养终身阅读者，打造少年讲书人。

　　大家好！我是来自东莞市石龙镇中心小学的刘晨，这个暑假，我阅读了一本有趣的书《吃进肚子里的诺贝尔奖》。听书名，大家就觉得很奇怪吧！诺贝尔奖怎么能吃进肚子里呢？别着急，我们先来认识一下诺贝尔奖吧！它是以瑞典著名的化学家，硝化甘油炸药的发明人阿尔弗雷德·贝恩哈德·诺贝尔的部分遗产作为基金，在 1895 年创立的奖项。在世界范围内，诺贝尔奖通常被认为是所有颁奖领域中最重要的奖项，分别有化学奖、生理学或医学奖、物理学奖、文学奖、经济学奖、和平奖这六项奖项。

　　也许我们认为能获得诺贝尔奖的东西，想必都很"高不可攀"，离我们的生活很遥远，其实不然，很多东西就在我们身边和日常生活里。比如这本书里介绍的：架在我们鼻子上的眼镜，治疗疾病的青霉素、青蒿素，拍片时要用的 X 射线等都是诺贝尔奖的成果。正是这些获得者的发明创造，使我们的生活变得更加美好。

书中的文字通俗易懂，还有又萌又 Q 的漫画插图，让我们小朋友也能秒懂的硬核知识，章章引人入胜，扣人心弦。每一个诺贝尔奖得主的故事，都各具特色，他们有的花了几年、十几年、几十年，甚至穷其一生的精力，通过智慧、学识和坚韧不拔的毅力，在无数次的实践中，不断总结失败的经验，最终取得了成功。

是的，做一件事并不难，难的是坚持；坚持一下也不难，难的是坚持到底，滴水可以穿石，不是因为其力量，而是因为其坚韧不拔、锲而不舍的毅力。小伙伴们，让我们多读书，树立远大的志向，为自己的梦想坚持到底，一起迎接黎明的曙光。

专家点评

邱阳

真的很好。我一直在想有什么缺陷呢？好像没有。首先是一个非常棒的开头，诺贝尔奖怎么能吃进肚子里呢？这是一个无论大人还是小朋友，都感到好奇的问题。这就让我们有了一个大大的问号，让我们有兴趣跟着你的内容往下探索，非常棒。然后口齿很清晰，语速不快也不慢，整体很好，我给出99分。

甘于恩

我们家乡有句话：好酒沉缸底啊，你的讲书让我有这个感觉。

刘晨同学的表情非常丰富、放松，也很可爱。另外她还会用修辞手法——设问，引起听众的注意，条理也很清晰，知识点很多，肢体语言也很丰富。最后主题的提炼——我们做任何事情都要坚持到底，能够给听众一种启迪。

如果能够有一个典型的案例，可能会更好一点，但是总体来讲，我觉得基本上没什么瑕疵，我给的评分是99分。

黄春青

第一，你始终围绕这本书来展开你的讲书内容，我觉得非常好。

第二，你的逻辑也是比较清晰的，表达自然、顺畅，特别是能够用自己的语言来讲这本书的内容，非常好。特别是你最后的主题提炼——追求科学的这种坚持到底，锲而不舍的精神，也是非常好的，说明你真的读懂了这本书。整体来说，三个字，非常棒，我给的评分是 99 分。

蒋薇

刘晨同学，你刚才的表现非常棒，而且也有自己的思考，整体的表达非常流畅，能够引人入胜。我给你的分数是 97 分。

李哲

刘晨同学笑起来很好看，我们所有的讲书人都应该像刘晨一样，把自己最灿烂的一面留给我们的观众。

刘晨同学刚才的讲书，开头引人入胜，全程自信满满，结尾意蕴深长。让我有一种感觉，可能让很多观众也有同样的感觉：通过正确的方法加努力，我们也能拿诺贝尔奖！

　　这是我们讲书人很重要的一个使命：传递知识与能量。

　　希望你下一次能走得更高，走得更远，相信你未来笑起来更好看，我给你打 98 分。

第五章

讲书背后的故事

一、少年说

第五章

讲书背后的故事

一、少年说

《少年讲书人》成长记录

王 紫

只有学会走向未知，才会遇见未来。

——记准备参加《少年讲书人》

2020年7月的一天，赖娜老师在班上宣布了一个消息：《少年讲书人》电视展评活动要来了，如果你热爱阅读，那么这是考验和展示自己的机会，请同学们踊跃报名。

我听到这个消息，心想：《少年讲书人》？我挺想报的，可万一失败了呢……纠结了几天，我也没有勇气找老师报名。直到有一天，赖老师专门把我叫到办公室，对我说："王紫，这次《少年讲书人》活动，我觉得你可以参加，你平时这么爱看书，我觉得你行，你要相信自己！"听到赖老师这么说，我顿时觉得信心倍增，是啊！我应该相信自己！于是，我立马就投入到了准备工作当中。

第一个任务就是选书。这两年我参加了莞城图书馆举办的"梦想飞扬读书会"，和伙伴们共读了《苹果树上的外婆》《小王子》《根鸟》《窗边的小豆豆》《好心眼儿巨人》等书，我对这些书都非常喜欢，印象也很深刻。在和妈妈讨论后，我最终选择了《好心眼儿巨人》，书目选定之后便写下了书中的主要内容和自己对书的感想。妈妈说："还可以从书中内容联系到我们的生活，然后发表自己的观点。"我根据妈妈的建议将稿子进行了修改，最终形成终稿。

耐心、毅力，主宰成功。

———记拍摄海选视频

稿子练熟后，接下来就是拍摄视频了！因为没有经验，这一次的拍摄并不容易。短短不到 3 分钟的视频，我们拍摄了足足一个下午。或因紧张卡顿重录，或因学校铃声打断重录，或因情绪表情不到位重录，或因机器故障重录……

我们的录制重复了一次又一次。录制过程中最让我难忘的是，当时正值大热天，室内温度超过 36 摄氏度，因为录制教室的空调比较老旧、声音较响，赖老师说空调噪音会影响视频质量，所以每每开拍，我们都要把空调关闭。偌大的、像蒸笼一样的教室里，我跟老师一下午顶着酷热，汗流浃背地完成一遍又一遍的拍摄！即便条件如此艰苦，但我依然充满能量、充满激情、充满信心！因为我相信，耐心、毅力，主宰成功。

> 人生是群山，爬过一座后可以看见美丽的风景，但后面一定有更高的山，更美的景。
>
> ——记进入 600 强，备战 300 强

8 月 7 日，晴空万里，这天迎接我的不止是好天气，还有我晋级 600 强的好消息！

得知消息后的我很是开心，开心之余我默默给自己定了目标——再进 300 强！

虽然我知道想要达到目标可不容易，但只有努力，才会有风景！

因为时间很紧，所以我立即开始准备。妈妈带我去书店，因为组委会推荐的 600 强进 300 强书单中，书店里只有《小屁孩日记》《口罩里的春天》《等你回家》这3 本，我们就买了这 3 本书。回到家，我把这三本书先

阅读了一遍，接着就开始选书了：我认为《小屁孩日记》不是很符合我的风格；《口罩里的春天》句子很是优美，但故事却不好连接；《等你回家》这本书语言虽然比较朴实，但故事很吸引我。经过一番思考与比较，最终我选择了《等你回家》这本书。

有了前面一次写稿的经验，这次的撰稿显得更从容些。我想：这本书讲了一个故事，那就必须聚焦重要内容。这本书写的是小船，却侧重描写了"爸爸"这个主要人物；这本书的书名也可以作为联系实际案例分享的重点。一番构思后，我就开始奋笔疾书了，写完给妈妈看，给老师修改，最终定稿。稿子练熟了，我又跟老师联系了拍摄时间，准备回校拍摄。

暑假期间，我本以为学校空无一人，寂静无声，可到了才发现学校正在翻修施工。工人叔叔们的交流声、机器的轰鸣声、施工时的敲击声在空旷的校园里此起彼伏。我跟老师都惊呆了！我们需要一个安静的环境啊，这可怎么办？

最后，老师跟工人叔叔们沟通，希望能给我们一点安静的录制时间。感恩工人叔叔们的理解与支持，让我们顺利完成了录制任务！

不断努力，一定能见光明。

——记陆续晋级年度300强、60强、27强

及成为"月度书香之星"

在老师的指导和家人的帮助下，我先后晋级300强、60强、27强，一切都比我想象中的美好。宣布27强结果那天已经很晚了，而且第二天一大早便要赶赴电视台进行现场PK！经过一个暑假，我的礼服都小了，第二天参赛的服装居然成了让我头痛的问题，这么晚了临时买又来不及。妈妈和赖老师商量后，决定寻求学校的支持。那时还是暑假，又已经晚上10点钟了，校服管理员也不在学校，老师与学校沟通好，与校服管理员联系好，最后决定给我开绿灯，让我去学校领取校服！当我听说管理员阿姨已经都在家睡下了，还专门回学校为我准备新校服时，我特别感动！当时我就想，有这么多人支持我，我一定要好好努力，不辜负大家对我的期望。

第二天六点多，我们就出发去电视台了。可能是因为太激动了，昨晚休息得不是很好，上车后不久，我就开始晕车，早餐也吃不下。到达节目录制现场，稍作休息调整后，我便开始投入到最后的赛前准备中！我觉得

自己已经很熟悉稿子了，可一进到录制现场，还是有点忐忑不安，心里都在打鼓，有赖于平时课堂上的训练，加上之前的舞台经验，我的发挥还算稳定，成功晋级下一轮。当天最后一轮 PK 是即兴问答，这个环节中我不负众望，以小组第一的成绩再度晋级，成为"月度书香之星"，获得 4 天后冠军争夺战的入场券。

成长在于过程，而不是名利。

——记评选年度书香之星

2020 年 8 月 29 日是评选年度书香之星的日子，也是我最幸福的日子。已经背得滚瓜烂熟的稿子突然有了很不一样的感觉，因为它承载着我的希望和梦想。站在舞台上，看着评委老师的目光，我坚信自己一定能行。最终取得了年度亚军的好成绩。

虽与冠军擦肩而过，但我并不觉得失落，因为我认为能参加这次活动，能得到这么多人的帮助，能得到评委老师的指导与肯定就已经很幸福了。

结果不代表全部，重要的是过程。静下心来，回顾这次讲书之旅，写下这些文字，我看到，原来自己努力的样子，最美。

每一次经历，都是成长的机会
——我与《少年讲书人》

曹纾菡

机会可能会突然到来，但成功肯定不会突然获得，当你日积月累地做好准备，机会来的那一刻，你就有可能突然闪闪发光了。

我是一个安静的小书虫，课间 10 分钟总是在学校争分夺秒地看图书馆角各种有趣的书；平时在家里基本没有看电视，写完作业还有时间就喜欢坐在客厅的书架旁看书；周末妈妈如果带我去图书馆或书店，是最让我快乐的事情。读书使我快乐，读书让我增长知识。我又是一名活泼大胆的积极分子，学校每届读书节都会有我的身影，平时我也很积极参加学校组织的各种活动，因为我相信：所有的努力都不会白费，每一次经历，都是成长的机会。

今年 7 月中旬，学校通知有个《少年讲书人》活动，所有报名选手挑一本书来分享并录制视频参选，我就从我平时看过的书里选了一本《狐狸小学的插班生》。7月19日把稿子写好，第二天课间就开始背稿，当天放学就拍摄视频，为了有较好的拍摄效果，我选在一个小水池边的草地上录制，那里有山，有水，有绿植。环境虽美，却不料我在那里录了一会儿，腿上、手臂上都被小蚊子咬了好多个包，痒得难受。

为了保证好的录制效果，我强忍着，面带微笑，尽量自然地录制我的讲书视频。我在那里录了五遍都没有满意的作品，每次要么因为讲书过程中卡了一下，要么就因为某个眼神、动作或表情不到位，要么因为语气语速不恰当，所以就反复一次次修正再录。天很快就要黑了，光线不好会影响效果，我冷静下来拍打一下奇痒无比的大包小包们，快速回顾妈妈跟我反馈的每一个细节，最后抖擞精神，来个深呼吸，开始录第六遍。当妈妈按下停止录制的按钮，满意地向我点点头时，我激动得在原地跳了几下，因为实在太痒了。录完我们就满意地回家上传视频了。

8月7日中午，接到语文老师陈晓欣老师通知，我的讲书作品在第一轮海选中入围600强，我被评为"优秀讲书人"，需要根据组委会指定书籍再录制一个三分钟讲书视频，参与"卓越讲书人"评选活动，要求 8 月 15 日之前上交参选视频。

时间紧迫，当天我跟语文老师商量后，选定《古都"食"空大冒险：千年夜市的美食秘境》这本书。

工欲善其事，必先利其器。我一刻都不敢放松，8 月 9 日在图书馆把书看完，并把书中要点逐个总结，10 日撰写讲书稿，11 日把讲书稿发给语文老师修改后，又马上进入"背稿模式"。由于暑假每天上午要上舞蹈课，下午要上网课，所以我背稿子的时间基本都是要充分利用零碎时间。12 日到了晚上 10 点还在为一句话、一个动作反复练习，调整语速、语气、语调，尽力将每个表情、动作、神态做到最好。无论在生活或学习上，做任何事情我都会尽力做到最好，第一轮的初选结果也给了我莫大的信心，鼓舞着我一路前行。

8 月 13 日，我和陈老师约定到校为我录讲书视频。陈老师告诉我，"每一个细节都不能放过"，在陈老师专业指导下，三分钟的视频，经历一个半小时的不断调整优化，终于呈现了一个我们都很满意的作品。同样重要的还有后期的剪辑制作，像视频的片头、字幕、配乐等，陈老师都包揽了下来，甚至连背景音乐也都进行了精心挑选，一切的努力只为呈现出最好的效果。

8月20日，我的讲书视频成功入围300强，我被评选为"卓越讲书人"。8月23日，该视频又在300强中脱颖而出，入围60强，我则晋级成为"王牌讲书人"。8月24日，在60强进27强的激烈角逐中，凭借出色的表现，经过专家评委的打分和网络投票，我最终荣获"金牌讲书人"的称号，并在8月25日，到广东广播电视台参与《少年讲书人》栏目录制。现场录制，我有一点点小兴奋，又有一点点小紧张，虽然没能出色发挥，没能晋级年度总冠军争夺战，但评委们对我的表现给出了宝贵的指导意见。相信只要我坚持不懈地努力，做更充足的准备，下次机会来临时，我定能发出更闪亮的光芒！奥力给！

我与《少年讲书人》背后的故事

李鑫文

暑假前夕的一天，我刚写完作业，还没来得及放下手中的笔，妈妈便走了过来对我说："班主任朱老师在群里发了一个通知，有个《少年讲书人》的活动，你想不想参加？"我心想：讲书人？这是什么活动呀？妈妈告诉我这个活动有机会上学校的领奖台领奖，我立刻有了兴趣，因为那是我心里一直以来藏着的一个小小愿望。

"活儿"是接下来了，可接下来怎么办？讲哪本书呢？妈妈叫我自己去书柜看看。走到书柜前，我的眼睛从最高处一层一层往下找……《百万英镑》？这本书我看了三遍，特别熟。《蜻蜓眼》？这本我也看了两遍，很喜欢！正当我左右为难，妈妈走了过来："哪一本更深刻、更能打动你，就选哪一本吧！"妈妈给了我一个中肯的建议。我的脑子里立刻浮现出了奥妮莎和阿梅一家人……我决定选曹文轩的《蜻蜓眼》。我用最快的速度写好了讲书稿，妈妈拿过去看了一下，说："不行，太简单了！这不是你的真实水平，你可以写得更好。"

的确，这次我确实有点急，有些偷工减料……不一会儿，我便重写了一份，妈妈看了看："嗯，这次好多了。"第二天我便拿着稿子去学校给朱老师修改。当晚我和妈妈便用这份稿录了一个简单的视频，用邮件发给了《少年讲书人》栏目组，剩下来就是等通知了。

功夫不负有心人！我凭着《蜻蜓眼》晋级为600强之一。接着组委会要求我们按指定书籍再录制一份三分钟以内的视频。妈妈立马帮我在网上购买了指定的那几本书，一收到书，我一分钟都不敢耽搁，用三天时间全部看完了。最终，我决定讲吴洲星的《等你回家》，因为它打动了我，令我数次落泪……妈妈说过能打动我的书，我讲出来才能打动别人。

我凭借《等你回家》再次晋级，成为年度300强，接着我的名字出现在了年度60强的名单里，最终我晋级到年度27强，成为一名"金牌讲书人"。这就意味着我可以去参加电视台的录制，这绝对是一个意外的收获，让我欣喜若狂。

但天有不测风云！偏偏这个时候，妈妈必须赶回老家处理一些重要的事情……我被妈妈"托付"给了只会工作，不问家事的爸爸……

我心里有个声音告诉我：自己的事还是自己搞定吧！别指望爸爸了！趁爸爸还没下班，我翻箱倒柜找了半天，发现西装已经小了，皮鞋也小了……搞得我心急如焚、束手无策……明天就要上台了！我只好打电话向妈妈求助，妈妈让我穿得干净整齐一点就行了。事到如今，也只能这样了。

第二天，到了电视台，我成为最另类的一个，别人都"浓妆艳抹"，我是"青鞋布袜"，其实我连袜子都没穿，我穿的是凉鞋……看着别人锃锃发亮的黑皮鞋，再低头看看我那伸出整排脚趾，有些窄小的黑凉鞋，我不由自主往里缩了缩我的脚指头……

一进演播室，就看到一大堆摄影器材对着舞台，只有我一个选手，我心里不由得一阵紧张。我也是上过舞台的人，上过几年主持课，也做过好多次主持人，朗诵比赛也参加过几回……但是，我从没像这次这么紧张，或许是因为妈妈第一次没跟我一起来；或许是因为今天的"装备"不合格，心里没底。也有可能是因为摄像头太多，灯光太刺眼……我感觉到自己全身在抖，虽然不是很明显。毕竟是"久经沙场",我很快让自己镇定了下来……

虽然最后我没机会参加终极 PK,但是我学到了很多从课本上学不到的东西,见到了很多优秀的选手,还有那些非常厉害的评委,他们的点评让我受益匪浅。

"机会是留给有准备的人的。"这句话不无道理,这次很明显是我准备不足,并不是实力不够。我相信,只要我能坚持不懈地努力,成功之门一定会为我打开!

我与讲书的故事,未完待续!《少年讲书人》第二季,我已经准备好了!

乘风破浪的少年——我与《少年讲书人》

胡文婧

　　爱阅读的我，经常会和妈妈交流读后感，有一天，妈妈突然问我：有个《少年讲书人》的活动，你想参加吗？

　　了解之后，我犹豫了几秒，响亮地回答：我要参加！

　　我犹豫，只是因为我想起了一年前的一件事：

　　那是 7 岁那年一个临近母亲节的周末，妈妈带我去上舞蹈课，在广场上碰到了电视台节目采访，有几位叔叔上来询问可否采访我几个问题，妈妈笑允。

　　那位拿麦的叔叔半蹲下来，把麦举到我嘴边，开始对我询问一些问题。问题的内容我已经不记得了，我听到的只是我脑子里的"嗡嗡"声、紧张的心跳声，还有两个声音在我心里，一个说"你行"，一个说"你不行"！

　　最终我一个问题也没有回答，眼泪在眼睛里打转。

当他们离去，我开始哭泣，妈妈抱着我拍着我的背，没有责备我，可是我心里特别特别的难过，我讨厌自己的胆小，讨厌自己连回答别人问题的勇气都没有。

那晚我问妈妈，我怎么样才能战胜自己的胆小？妈妈说："你对自己说的每一句话，先问问自己，这句话是增加了你的力量，还是削弱了你的力量呢？试着去说强化自己的话，做强化自己的事，你相信自己行，你就一定行！"

从那以后，每每面对挑战，在我的心里我只允许一个声音存在，那就是：我一定行！

我有一个大大的书架，书架上放满了我心爱的书，每一本我都特别喜欢，一读再读。

决定参加《少年讲书人》的第二天，我从我的书架上挑出自己喜欢的书，再从中挑出自己最最喜欢的书——《快乐王子》，把这本书的读后感口述给妈妈听，妈妈和我进行了探讨，探讨之后我发现我有了更多的理解，于是我赶紧把它写了下来给妈妈看。妈妈表扬了我，从她的表扬里我又获得了更多的能量，信心满满地准备录制事宜。

爸爸妈妈要上班，老师只能看视频指导，于是镜子就成了我最好的老师。妈妈说我可以通过镜子看到自己的闪光点，并发现自己的不足，她相信我一定可以做得很好。是的，我也相信自己。

我对着镜子练习了一个上午，下午妈妈回来给我录制视频，过程很顺利，这又让我对自己增添了不少信心。在提交视频之前，妈妈问我：如果我们没有通过海选，我会怎么看待这个问题？

我不知道，也许，我会很失落，但是相信下一次我还是会继续挑战的。

爸爸摸了摸我的头，对我说：人生没有白走的路，每一步都算数。今天的你已经敢于挑战自己，去做自己想做、喜欢做的事，这就是进步，每尝试一次，都是一种进步和学习！

是的，我感受到了自己的进步，还有内心满满的能量。

晋级600强给了我莫大的鼓舞。我看了其他选手的讲书视频，他们都非常优秀，有很多很多值得我学习的地方。

当知道我晋级27强的时候，我兴奋得一夜没有睡好，眼巴巴地等着天亮，去电视台参加现场展评。

那一天，爸爸、妈妈还有哥哥都陪我来到了电视台，但是他们不能进入演播室，爸爸问我怕不怕，我说不怕。其实我内心特别特别的紧张，但我知道我必须战胜自己，我不停地深呼吸，不停地对自己说：我可以，只要我今天在电视台展示了自己，我就是最棒的！

讲书的时候，因为紧张，我对自己的发挥并不是很满意，但是我觉得我尽力了，相比一年前的自己，我真的进步了很多很多，我战胜了自己的胆小，我有了展示自己的勇气，有什么比这个更值得让我高兴的呢？我在内心为自己点了一个大大的赞！

除了这个，令我收获最大的是评委们给的点评，准确地说，我之前的老师除了班主任吴雪莹老师，就是镜子里的自己，评委们给了我很多专业的建议，让我知道我需要注意的重点在哪里，需要重点改善的地方有哪些，他们像明灯一样，为我照亮了方向，我内心充满无限的感动和感激。

年度总冠军争夺战那一天，我感受到了浓浓的书香。如果说，以前经常阅读是因为我喜欢书里的故事，那么现在又多了一个理由：我喜欢这一群陪我读书的人！

年度五强的讲书让我再次收获满满。从他们每一句话的节奏、每一个眼神、每一个动作和他们脸上非常有魅力的笑容中，我都看到了自己还有很多很多的提升空间。

对这次《少年讲书人》的活动，我心怀感激，通过这个活动我认识到了一个全新的自我，也让我更懂得了我最大的对手不是别人，而是自己，同时也坚定了我继续努力的决心。

我仿佛看到未来那个在舞台上自信大方的我在向我招手，我会一步一个脚印地坚持走下去，努力向那个我靠近，积跬步以至千里！

二、家长说

一站到底

刘晨妈妈

> 把每一次的练习当作比赛，把每一次的比赛当作锻炼
>
> ——题记

说起晨晨，身边的人，包括我，第一印象就是活泼可爱，大胆自信，口齿伶俐。

两三岁的时候，就发现她比同龄人更会表达。特别喜欢我们给她讲故事，而且给她讲过的故事，她基本上都能复述出来。于是我和爸爸在她幼儿园这三年时间里买了大量的绘本，跟她一起看，一起读。在日常生活中，家就是晨晨的舞台，爸爸、妈妈、爷爷、奶奶就是她的观众，而且只要学校有大大小小的故事比赛，我们都鼓励晨晨去参加。把每一次的练习当作比赛，把每一次的比赛当作锻炼。就这

样，晨晨越来越喜欢读故事，似乎在这其中找到了乐趣，加上在学校比赛中取得了成绩，这让她越来越自信。

2020 年 7 月 19 日，晨晨的语文老师兼班主任梁惠娟老师把《少年讲书人》的通知发给我。就像平时的讲故事比赛、主持表演一样，每每有这样的通知，我一定会把活动的详细细节告诉刘晨，然后先征求她的意见，是参加还是不参加。每次她都会很坚定地告诉我："妈妈，我试一试！"

我们当这是给晨晨又一次锻炼的机会，而且认为过程比结果更重要。我们看完《少年讲书人》组委会提供的示例作品，明白了这个活动主要就是让我们介绍一本自己觉得很有意思的书。我和晨晨都感觉很有信心，不是很困难，于是就展开行动啦！

1. 选书

晨晨一直有每天阅读的习惯，放眼书架上琳琅满目的书籍，我们选择了最近这半年读过的书，以《米小圈上学记》《淘气包马小跳》等为多。

关于选书，我和晨晨有了分歧。晨晨一向是比较有主见的，她认为《米小圈上学记》或《淘气包马小跳》等很贴近他们现在的学校生活，也是她很喜欢的书。而我认为：应该要选择一些大众耳熟能详的书，像四大名著等。如何选择呢？我让晨晨自己做个比较，最后她想一想，选择了少年版的《西游记》。

2. 撰稿

这对才三年级的晨晨来说有些吃力，但这是《少年讲书人》，就一定要晨晨自己写，她也犯愁了。

刚开始，无从下手，这时，我和晨晨爸爸像平常一样，以提问的方式一起帮她理思路：《西游记》里，写了谁？他们做了什么事情？哪些事情让你印象最深？你喜欢谁？喜欢他的哪些方面？同时，读完这本书，你学到了什么？或者有什么启发？晨晨把这些问题的答案——写了下来。我和晨晨爸爸对她说："你把这些答案写上去，中间连接起来就差不多了。"

就这样，晨晨花了两个晚上把稿子写了出来，稍作修改后就定稿了。

3. 录制视频

每次参加这种活动，稿子一般都是我和晨晨一起背的。你一遍，我一遍，你指出我的错误，我指出你的错误，所以背稿子比写稿子更轻松。反复练习之后，我们开始了视频录制。

第一次录制视频可以说是新手上路，问题多多。家里有两岁的小弟弟，平时有些吵闹，于是我们等到下午弟弟午睡时开始录，录制地点首选在书房。一开始用手机录制，发现视频会抖动，我们又找来支架录制，可是上传电脑后发现视频画面还是有些模糊不清，无奈之下，求助于同学家长，在他的建议下我们开始用相机拍摄，发现画面和声音都特别好，当我们满怀希望地把视频导入电脑后，却发现有很大的回音。一开始我们以为是自己不懂操作相机，所以找来朋友指导，录制后还是出现了一样的问题。

后面一分析，发现问题可能出自书房门窗关闭，空间相对较少。于是我们又换到客厅录制，晨晨性子急，觉得我们要求太多了，有点不耐烦。我看到晨晨这个状态后，让大家都稍微休息一会儿，同时让晨晨冷静下来想一想，是否继续录制。

晨晨想了想，咬着牙，勉强地笑起来说："还是继续吧。"

我问她："为什么又同意继续了？"

她说："不是妈妈你说的吗？事，不做则已，做则全嘛！而且我相信：越努力越幸运。"

就这样，后面的拍摄出奇的顺利，两遍就过了。当时我们就把原视频上传到组委会的指定邮箱。

进入 600 强后，要根据组委会指定书籍重新录制视频，我们选择了《吃进肚子里的诺贝尔奖》这本书。因为晨晨很喜欢看人物故事，而且书中的文字又通俗易懂，书中讲到的内容也与我们的生活息息相关，特别有趣。有了上次录制视频的经验和教训，这一次就轻车熟路了，我们还加上了背景音乐，同时把噪音降到最低，还加了字幕，一切的努力都已完成，剩余的就交给评委老师了。

这其中的种种艰辛曲折，都是一次次的历练。用晨晨自己的话说：《少年讲书人》让她认识了更多新朋友，也明白了读书的重要性。对我这个妈妈来说：陪伴孩子成长，累并快乐着，同时自己也在一起学习成长。其实每个孩子都可以很优秀，默默耕耘，静待花开。

成长蜕变：少年讲书人闫尚博和
他背后的故事

闫尚博妈妈

2020 年 7 月 30 号，我收到学校邓小梅老师发来的关于《少年讲书人》活动的通知，她说这个活动很不错，让我们可以报名参加试一试。此时距离活动报名结束只有不到 3 天时间。而那段时间因为自己工作上也有特别重要的事情要忙，所以时间就显得愈发紧张。但是孩子学习语言艺术已经很多年了，大大小小的舞台也上过不少，我相信他在这么短的时间内应该有能力完成讲书任务，所以和孩子商量之后，我们还是顶住困难报名了。

讲什么呢？孩子曾经为大家推荐过《名叫彼得的狼》这本书，这是这么短的时间内最有效的捷径了，可和孩子商量后他并不愿意再讲一遍这本书，他想讲一些新的东西，尽管很难，作为家长，我还是决定支持他。于是我们想到了英国第一本获得诺贝尔文学奖的书——

《丛林之书》，之所以会想到这本书是因为这本书曾经被改编成很受欢迎的迪士尼真人动画电影，这一点很快就能拉近书和读者之间的距离。有了目标，讲书稿很快也就出炉了。

视频制作很关键，好的配乐对视频作品的呈现会起到莫大的推动作用，所以孩子和我花了不少工夫一首一首地聆听不同的背景音乐，同时尚博跟着音乐一遍一遍练习，效果不好的背景音乐就 pass 掉，最终完成任务。音乐挑好了，7月31日晚上我们在家展开了拍摄，孩子在充分熟悉了稿件的情况下，当天的状态也是非常的好，拍摄工作非常顺利。晚上靠着两杯咖啡的支持，我将视频剪辑完成，8月1日的凌晨通过邮箱发给了组委会。

出于一个母亲对自己孩子的了解，当8月7日我在讲书人的官方公众号里看见600强名单中有尚博的名字时，并没有很意外。但我还是很郑重地将这个好消息告诉了他，尚博也很开心，并且对下一次的挑战充满了信心。

有了海选的经验做铺垫，孩子和我反倒觉得600强进300强的挑战相对更容易些，因为我们不用努力去想哪本书更合适，参考书目已经有了，大大缩小了我们需要考虑的目标范围。《古都"食"空大冒险：千年夜市的美食秘境》很快被我们锁定，因为作者荆方是河南籍、现在长居广州的作家；书中写的是开封的事情，而尚博恰巧也去过开封；而且孩子认为自己和书中的"宝仔"一样也是一枚小吃货，有了这些恰巧的共通之处，选书不再是难事。

经过一番努力，8月13日凌晨，我们的第二个《少年讲书人》视频作品也落定了。

再经过一轮又一轮的选拔，终于在8月24日晚上9点，27名"金牌讲书人"名单揭晓，我再次看到了尚博的名字。

如果说之前的海选、晋级都太过顺利，那么《少年讲书人》活动带给尚博真正的成长和历练是在27强出炉之后的第二天，也就是8月25日。这一天的经历我想尚博一生都不会忘记。

24日名单揭晓已经是晚上9点钟了，而第二天电视台的活动要求脱稿。之前为了视频的拍摄效果我给他做了点提词，所以他现在要无比熟悉稿件，并背诵下来。

凭借既往学习语言艺术的一些小技巧，尚博觉得自己可以应对第二天电视台的现场展评了。其间我抽查了他一遍，有一些小卡顿，但那天晚上我俩都没有坚持调到最佳状态。想着尚博以前在舞台上很是淡定，有几次别的孩子忘词他还救过几次场，我想应该也没有什么大问题。可是这次我们两个都大意了。

作为一名医务工作者，我实在无法放下我的患者，8月25日我照常要忙工作，没办法陪孩子去电视台，家人给了我巨大的支持和包容，尚博的外婆陪他去了电视台，我妈电话里跟我说尚博很有信心，说自己一定能晋级。经过漫长的等待还是没有轮到尚博这个组。到了下午的时候终于轮到他们了，可后来我妈跟我通电话的时候告诉我尚博没有晋级，组委会老师领他出来的时候他情绪不高，妈妈告诉我他们正在回家的车上，孩子这会儿累了在车上睡着了。听了妈妈的话我心里为孩子难过，不过孩子的成长哪有一帆风顺的，不经历挫折怎么长大呢？

晚上6点多我还没下班，我在单位给他打了个电话，通过电话那头他的声音可以感受到他内心的波澜，"妈妈，我居然有一段忘词了，而且那会儿脑子一片空白怎么都想不起来，评委老师说你前面说得很好呀，后面也按这样讲出来就好了，可我还是忘词了。"和我料想的一样，问题果真是出现在了不熟练上。本以为这次活动就这样带着遗憾止步于此了。没想到《少年讲书人》组委会考虑到 27 强选手都很努力、很优秀，又给了两个网络投票复活名额。

我问尚博："如果再给你一次机会，你是否愿意付出最大的努力。"此时的尚博犹豫了，可能是担心再次被淘汰，又要经历一次失败的打击，他说："妈妈，你还是别帮我复活了吧。"我对他说："不是想复活就能复活，但妈妈和家人愿意试一试，努力为你加油助力，即使结果不理想，但至少我们有面对困难的勇气和态度。那么你呢？你最好的一面，评委老师在现场并没有完全看到，你不想再给自己一次机会让他们重新认识一下那个自信的你吗？"孩子想了想对我说："妈妈，帮我复活吧！我要给自己一次机会！"

孩子希望可以证明自己，作为家长什么都不说了，接下来的两天我们举全家之力，发动所有的亲朋好友来为孩子投票，孩子的姑姑更是一整天都坐在电脑前为孩子盯着票数，不断在各大群里帮孩子拉票，孩子的班主任也是发动了全校可以动用的力量为孩子投票。我跟尚博说不管结果如何，作为家长我们尽我们最大的努力，而尚博就是要做好自己该做的事情。尚博也很懂事，看到我们为他的付出，他也不敢懈怠，一遍一遍演练，以便真有机会被复活回比赛可以不再打无准备之仗。

8月27日晚10点投票通道关闭，尚博以网络投票第一名的成绩被复活回来，拥有了角逐"年度书香之星"的资格。直到此时，我们的得失心反而没有那么重了，尚博想的是尽力就好，我想的是努力过不留遗憾就好。带着这样的心情尚博参加了8月28日的彩排，我依旧是没有时间陪伴他，他的姨妈陪他去了，帮我记录组委会的要求和第二天比赛的注意事项，同时一遍一遍地按老师的要求给尚博做调整。到了8月29日早上，我姐姐又一大早过来陪我一起送尚博去比赛。家人们对孩子的爱让我感动，尚博的每一步成长都有他们的付出，我想孩子看到了也感受到了。

比赛那天在尚博拥有选择权的情况下，他仍然选择要第一个上场，在我认为那对他的比赛并不是很有利，可是尚博有他自己的节奏，不盲从于他人，在这一点上我欣赏他。事实上，那一天尚博的表现在我看来很棒，我觉得他开了一个非常好的头，也为后面选手的发挥奠定了一个好的基调，尽管后来尚博并没有拿到"年度书香之星"，但是尚博告诉我："李哲老师说，当你的实力，远远强于你克服当下挑战所需具备的能力时，才会有最好的发挥。"这一点他觉得自己非常受益，从 8 月 25 日的失利，到 8 月 29 日的自信淡定，就是实力强于克服当下挑战所需具备能力的最好证明。光这一点已经是他从这次活动中得到的最大收获。

在成长的道路上孩子不缺爱，不缺帮助，不缺鼓励，我为孩子感到开心和骄傲。那天活动结束，我发了个朋友圈："有所学、有所得、有所进。好吧，一切都是最好的安排！"

"少年讲书人"背后的故事

宋卓航妈妈

班主任老师在家长群发出《少年讲书人》的邀请后，群里反应并不热烈。可以理解，一年级的孩子，字都认不全，读书主要靠家长念，更何况讲书？卓航还好，从中班开始识字，现在已经能自己完整地阅读了。

选哪本书呢？孩子选择了老师送他的《哈利·波特》系列丛书。稿件修改了一遍又一遍，终于形成定稿。

原以为录制视频会比较简单，因为孩子抗疫期间录制过致敬白衣战士的小视频《在一起》，参加全国青少年冰心文学奖线上评选时录制了《满江红》《写给钟南山爷爷的一封信》等等，算得上经验丰富。没想到录制讲书视频对孩子的综合能力要求这么高，多次录制，效果并不满意。挑战越大，成长越大！卓航在全家人的鼓励与支持下，最终完成了视频录制任务，在这个过程中，他的阅读力、写作力、演说力都得到了提升。

能进入年度 600 强，让我欣喜不已。600 强晋级 300

强要求录制指定书籍的讲书视频。我们开了一个家庭会议，最后孩子说要讲《中国民间故事》，他说他喜欢华佗，在《三国演义》中有华佗给关羽治病的故事。把民间故事跟目前的全球抗疫相结合，又一篇讲书稿出来了！

成功进入 300 强！入围 60 强！杀入 27 强！每前进一步，孩子的表现都更加成熟！电视台的现场 PK 才是最激烈的"厮杀"。总共分为三组：一二年级组九人，三四年级组九人，五六年级组九人；卓航不负众望，冲出重围，成为一二年级组的冠军——"月度书香之星"！

"年度书香之星"争夺战现场，两位三年级的复活选手对三位"月度书香之星"发起挑战。卓航披荆斩棘之后，守擂成功，虽然最终输给了五年级的选手，却也虽败犹荣！

《少年说书人》活动结束了，这是个新的起点。孩子更爱阅读了，更爱写作了，也更爱演讲与朗诵了。孩子的每一步成长都离不开父母的呵护，老师的指导以及自身的努力！感谢所有为孩子成长付出的人！谢谢！

成长——拍《少年讲书人》全记录

冯程晨妈妈

我想：每一次勇敢的尝试
就是给孩子一次成长的机会吧！

——题记

当 2020 年 7 月 19 日，语文老师朱敏华老师发出《少年讲书人》的活动消息时，我便第一时间毫不犹豫地给程晨报名了，很值得骄傲的是，每次这样的活动，程晨不仅很给力地积极参与，也很认真地对待。

其实在报完名，看过别的小朋友拍的《少年讲书人》相关视频后，我又有些不自信了，因为，我们从来没参加过这样的活动，程晨看的书也比较有限，而且我的拍照水平实在不敢恭维，最主要的是我不会做视频剪辑呀，时间又比较紧，月底前必须交作品！

一连串的难题，成了我们面前的一座座高山，如何跨过去呀?

来不及想那么多了,硬着头皮往前冲吧!

既然选择了远方,便不管路有多远,风雨兼程,勇敢向前吧!

第一步:选书

程晨看的书比较有限,平常喜欢看的书主要是漫画类的,或是《米小圈上学记》,还有就是从图书馆借来的诗歌类的书。这些书好像都不怎么好表达,如果专门去选一本书读完之后再来讲,时间又不够,所以我们在选书上犯了难……

正愁着呢,我朝书架上瞄了一眼,突然看到了最近刚给她买的《孩子们的诗》,正巧是她喜欢的一本书,内容也很熟悉,也贴合了她爱写诗的这个兴趣,似乎是个不错的选择。

就这样,书选好了!

第二步:写书评

《孩子们的诗》不像其他的小说或是经典作品那么有故事性,内容也比较简单,就是一些小孩子写的小诗。但是，作为二年级的小朋友，我想，也不需要那么深刻的意义或是人生哲理，只要是真心喜欢，把内心的真实感受或想法表达出来就可以了吧。

所以，写书评没有花费太多时间，一个上午就搞定了。

第三步：准备工作

看着别人拍视频是件很简单的事情，可真正要自己拍了，才发现有好多东西需要准备：选场景，定发型、服装，程晨对稿的熟练，情绪表达等等。特别是背稿，一开始，为了让程晨不要有心理压力，我打算让她看着稿子念算了，但实际拍时，发现她的眼神不对，因为要一直盯着稿子，就没有了自然的感情流露，所以，最后还是要求她必须把稿子背熟。

第四步：拍摄阶段

考虑到讲书的时间要求是三分钟内，为了能更好地把握时间，我把整个讲书稿分成了五个段落，让程晨分段落地呈现，这样对程晨背稿的要求没那么高。

总的来说，程晨的表现力还是不错的，普通话很标准，表情也很到位，只是一到关键时刻就卡壳，所以拍摄起来，也是笑料不断……

第一次拍摄，足足拍了五个小时，才总算全部拍好。

可是，新的问题又来了，几段视频加起来，总共有7分多钟呢，比要求的3分钟多了一倍，这意味着又必须要重新确定稿子，一切又得重头来过了……

幸好是周末，这样删删减减地来回把稿子又折腾了快一个上午，下午小憩了一会儿，又准备开工了。我觉得拍视频对我来说不难，最主要还是对程晨的考验，毕竟她才八岁，她的性子急，也会有点小脾气，特别是好不容易背熟的稿子，又要改来改去的，确实很头大吧。

第五步：重拍视频

一切从零开始，既要给自己打气，也要给程晨打气，不管怎样，既然开始了，就要尽可能做到最好。

我们每次拍完整个视频的时间，都不少于三小时，可谁能想得到，我们竟然就这样重复地拍了四次。

第一次：拍竖屏的，整体感觉不够清晰，也比较怪，重拍！

第二次：程晨的笑容不够，念诗的语气没有抑扬顿挫，重拍！

第三次：全部拍完才发现，居然忘记关风扇了，视频杂音很重，重拍！

第四次：拍前两段很顺利，到第三段拍对《护送》这首诗歌的点评时，需要程晨略带悲伤的表情，可不知咋回事，她一开始念就控制不住的笑场，好不容易等情绪控制好，妹妹又来回地进出房间，折腾了好几回，其间她还哭了三回，我也是心力交瘁，真想放弃算了，可程晨还是坚定地说："一定要拍好它，不能放弃……"这一段大概拍了不下 30 次吧，最后总算拍出了满意的效果。

第六步：剪辑视频

从没有做过剪辑的我，开始还真有点担心，不过好在互联网时代，各类剪辑视频 APP 都做得比较人性化、简单化，我下载了一个刻录 APP，稍微研究了一下，从一点不会，到后来也会了。

所以说，做任何事情，都要勇于尝试！不会，可以学嘛！

经过一周的努力，我们的少年讲书人之评《孩子们的诗》的视频作品终于做好了，真是感慨万千啊！

这其中的艰辛曲折，只有我和程晨亲身经历才能体会吧！

特别感谢朱老师给了我们很好的建议，这样，我们才能做得一次比一次好。

也要感谢认真努力的我们自己，不管结果如何，我们真的用心做了，我们努力了，我们付出了，也收获了经验，感觉一切都值了！

结缘《少年讲书人》
——晓萌与《少年讲书人》的故事

李晓萌家长

第一季《少年讲书人》评选活动拉下完满的帷幕，但这个活动过程还历历在目。活动的结束并不是真正的结束，而是美好的开始。回顾这次活动，我想用三个词去记录晓萌参加这次活动的美好经历：珍惜，珍贵，珍藏。

1. 珍惜——体验与磨炼

说起与《少年讲书人》的结缘，看似非常偶然的开始，但也验证了我经常对晓萌说的一句话，机会永远是留给有准备的人的。

从幼儿园开始，启蒙老师通过分级故事阅读教孩子们一些简单的认字时，晓萌就表现出对文字的喜爱，老师也经常请她去教其他小伙伴，也因此慢慢培养她学习的兴趣与信心。

读小学后，晓萌嘴巴上经常挂着语文老师，放学回家做作业的顺序是语文－数学－英语，一些小伙伴害怕写作文，而她会选择先完成作文再做其他，尽管语言的结构还不太好。小学三年，晓萌也有几次在大众面前锻炼的机会。一年级开学第一天作为新生代表在国旗下讲话。每学期，年级活动老师总把主持人的机会给她。二年级那年参加了社区的"孝德少年"演讲比赛，经过初赛、半决赛，冲进了决赛，在面临其余对手几乎都是校演讲、话剧社团大哥哥、大姐姐的压力下，也获得了第二名的好成绩。正是以上这些，在晓萌心里埋下了种子，为参加这次《少年讲书人》活动打下了良好基础。这个活动通知一出来，老师马上想到了晓萌。

《少年讲书人》评选活动于我们犹如突如其来的礼物，让我们加倍珍惜，晓萌也下定决心认真去做好。整个过程我们都是鼓励晓萌抱着去参与、体验、磨炼的平常心态对待。享受过程，比只盯着结果更重要。因为，这个过程的收获是无价的。

2. 珍贵——收获与成长

海选

第一次的海选，对我们来说，形式陌生又新颖。选书，晓萌与我商量。怎么才能突出所分享书本的意义与价值，又适合她三年级的能力水平呢？这确实花了我们一些时间，最后我们从《列那狐的故事》转到《中国古代寓言》。接着是写稿。我让晓萌说说对《中国古代寓言》的整体感受和细节感悟，我把这些都写在初稿上。这对我这个文字功底不好，语言干枯的妈妈来说确实有点难，感恩指导老师给予修改指导。晓萌在流利表达、声情并茂上努力了几天。然后就开始制作视频。这个任务我包揽下来。电脑技术我不太在行，只懂简单的 ppt 和 ev 录屏，录音和录像都是用手机完成。第一次粗糙成品，ppt 太多网络图片，晓萌讲书的小视频在规格和时间上也有待改进。两母女跌跌碰碰，修改，完善，再修改，再完善。看到最后成品，我们算是比较满意，怎么说也是第一次而且是自己做出来的，也算是零的突破。后来几天我们也没有关注评比结果，反而天天打开视频自我享受一番。

600 强进 300 强

暑假开始了，8 月 7 日，那天我们刚好外出游玩，学校老师发来通知，说进入了 600 强，要进行第二次作品制作，参加 300 强评选。我们意外呀，惊喜万分。我马上按照老师发来的通知指导，在车上和晓萌一起选书。她被《口罩里的春天》吸引了，我马上网购下单。一天后书到家了我们还没到家。这次的任务，只有 10 天的时间，包括网购书本，看书，感悟，写稿，录音录像，电脑制作。晓萌很努力，两天看完《口罩里的春天》，在饭桌上兴致勃勃地与我们分享，我默默地记下，作为初稿的根基。母女俩一天时间把稿子写好，晓萌再用一天把稿子读好背好。第二天录视频，小家伙竟然感冒了，最后带着重重的鼻音、水肿的双眼录的视频。尽管身体疲惫，晓萌依旧那么努力，我也不敢懈怠呀，在剪辑技术上有所提升。最后看到自己的劳动成果，我们都开心地笑了。

300 强进 60 强，再到 27 强"金牌讲书人"

作品上交后，我们开始变得不淡定了。过了两天，老师发来喜报，晓萌进了 60 强，我们感到意外又惊喜！有付出就有收获，就是这种感受！接下来的网络投票，学校老师、同学及家长们和朋友们都很支持，纷纷称赞晓萌的表现。

经过再一轮的专家老师评选，晓萌冲进了 27 强，有幸得到去广东广播电视台现场展评的机会。小家伙既激动又兴奋。作为妈妈，我也为女儿感到自豪！

3. 珍藏——提升与发展

整个《少年讲书人》年度评选活动，晓萌认真地对待，真诚地付出，享受过程，展示自我。"金牌讲书人"并不是最后的定位，走到这一步就是满满的收获。通过这次活动，晓萌自身的语言表达能力得到进一步提高，无形地促进了她语文素养的提升。在书海的遨游中，她还知道了生命价值的意义。在最后的《少年讲书人》年度总评，晓萌获得了李哲老师的著作《生命不息　疯狂不止》和 30 本书籍奖励，晓萌珍惜不已，回到家一整天都是抱着《生命不息　疯狂不止》，还会时不时和我们分享李哲老师的奋斗故事，可谓是废寝忘食。同时，晓萌也收获了纯真的友谊，在现场展评那天，和兴趣相投的几个选手交上了朋友，在与他人相处中取长补短，以后肯定会得到个性的完善。因此，《少年讲书人》活动的结束并不是真正的结束，是美好的开始。27 强"金牌讲书人"也不是最后的定位，而是成长的见证，犹如成长树开出的花朵，珍藏在晓萌心中。

与《少年讲书人》结缘，认识了李哲老师与他的团队，我们有一种相识恨晚的感觉。我们毫不犹豫地报名了《少年讲书人》集训营，期待晓萌的成长树开出更多鲜艳的花朵！

三、专家说

李 哲

一、什么? 年度亚军差一点连 27 强都没进!

2020 年 8 月 24 日,《少年讲书人》电视展评活动第一季, 进入了最激动人心的总评阶段。

当天专家团成员汇聚广东广播电视台, 每个人都深感责任重大, 因为当晚 9 点要对外公布《少年讲书人》年度 27 强!

下午 6 点, 60 强进 27 强的网络投票结束。在短短的 20 个小时里, 共吸引了线上 528019 人次关注, 同时有 64270 位网友为自己喜欢的选手投票。

网络投票环节的结束没让专家团有丝毫放松, 我们反倒感觉压力更大了! 因为 60 强进 27 强的规则是:

1. 本活动根据年龄分为 A、B、C 三个组别;

2. 组委会将根据专家团队投票 (占比 80%) 与网络投票 (占比 20%) 结果, 从 60 名王牌讲书人中推荐出 27 名金牌讲书人（每个组别 9 名）；

3. 金牌讲书人 8 月 25 日进入现场展评，现场展评视频将于 9 月份起，随《少年讲书人》栏目在广东广播电视台现代教育频道黄金时间播出。

光海选阶段，组委会就收到了来自 186 所学校的数千名学生提交的报名视频。很多学校为了展现本校的优秀风采，在组委会海选之前就在校内开展了选拔活动，提前淘汰掉了一大批学生。

在这成千上万的出色讲书人中，能成为年度 600 强就已经颇为不易了。600 强名单公布，王紫同学"很是开心"，宋卓航妈妈"欣喜不已"，李晓萌家长"惊喜万分"，胡文倩同学说："晋级 600 强给了我莫大的鼓舞。"

但根据活动安排，600 强选手不能来电视台录制节目。

接着是 600 强晋级 300 强，300 强选手成为卓越讲书人，但依旧没有资格上电视讲书；

然后是 300 强晋级 60 强，60 强选手成为王牌讲书人，还是没有资格来电视台展示；

24 号晚上 9 点将公布 60 强进 27 强名单，27 强选手第二天就可以来到广东广播电视台，在现代教育频道一展风采啦！

本次活动持续了将近两个月的时间，对所有选手的阅读力、写作力、演讲力，甚至阅历、精力乃至体力都是考验，到底哪 27 位选手能成功晋级，获得在广东广播电视台讲书的入场券，成为万众瞩目的焦点呢？

根据网络投票和专家团投票结果，第 1 位晋级选手出炉。

然后是第 2 位、第 3 位、第 4 位……第 10 位

一切都进行得很顺利，哪怕遇到重分也没关系，名次并列，剩下的继续往后排就可以。

时间一分一秒地过去。

第 11 位晋级选手出炉，接着是第 12 位、第 13 位、第 14 位……第 20 位。

离对外公布时间还剩不到 30 分钟时，问题出现了，第 27 名重分了，而且是 3 人分数一样，由于只有 27 位选手能晋级，所以这三位选手的名次不能并列，专家团必须再次审核这三位同学的表现，再综合其网络投票情况，进而淘汰其中两位选手。

时间一分一秒流逝，离对外公布 27 强的时间只有不到 15 分钟，专家团还没有达成统一意见，秉承着公正公平的原则，各位专家纷纷为自己认可的选手争取这最后

一个晋级名额！

此时的我闭上眼睛，回想策划《少年讲书人》电视展评活动的初心，回想这三位选手的讲书内容，回想此刻在我脑海里印象最深刻的画面，然后对现场专家团其他所有成员表达了自己的看法：

《少年讲书人》旨在培养一大批优秀的讲书人，给他们提供展示的舞台，进而推动全民阅读。大家一起努力，建设一个人人都爱读书的书香中国！

这是《少年讲书人》的使命，也是我们专家团成员共同的使命。

有了这个共同的使命，有分歧是好事。有分歧说明大家都公平公正，有分歧说明大家都尽心尽责，有分歧说明我的选手都很优秀，说明我们的活动举办得很成功！

还有大概 10 分钟的时间就要对外公布结果了，此时此刻我希望各位专家闭上眼睛，回想一下三位重分选手的表现，看有哪些印象最深刻的画面留在我们的脑海中，回想一下哪位选手的表现更稳，犯的错误更少，进而未来能走得更远，走向更高的平台！既然三位选手现在的表现各有千秋，那我们就尝试看到他们的未来！

最终专家团达成一致，把最后一个名额给到了王紫同学，因为当大家闭上眼睛回想三位选手的表现时，印象最深的画面大多来自王紫同学讲述的《等你回家》。而且王紫同学的表达流畅、语言生动，她排名靠后最重要的原因是：所提交视频的背景音乐声音实在太大，影响了专家对她表现的评审。

27 强选手的名单如期公布，王紫说："一切都比我想象中的美好。太激动了！"李鑫文："让我欣喜若狂。"胡文婧："我兴奋得一夜没有睡好。"李晓萌妈妈："小家伙既激动又兴奋。作为妈妈，我也为女儿感到自豪！"

王紫同学成为自己学校唯一一个入选 27 强的选手，这不仅是她个人的荣誉，也是学校的骄傲。

随后在广东广播电视台，王紫同学凭实力一路过关斩将，晋级"年度书香之星"争夺战，最终斩获 2020 年《少年讲书人》电视展评活动年度亚军。

比赛结束我才知道，王紫同学录制 60 强进 27 强视频时，恰逢学校翻修施工。经指导老师与施工队沟通后才获得一段"相对安静"的录制时间，但录制出来的视频还是有些噪音，为了最好的效果，王紫同学最终只能选择放大视频背景音乐的音量。

用王紫自己的话来结束这个故事：原来自己努力的样子，最美。

二、什么？"冠军争夺战"前夜，有人通宵未眠！

2020 年 8 月 29 日上午，广东广播电视台现代教育频道演播厅，第一季《少年讲书人》"年度总冠军"争夺战一触即发。

出席本次活动的嘉宾有：

原广东教育学院院长、教授，广东教育学会常务副会长，广东教育学会中小学生阅读研究专业委员会理事长刘劲予

广东教育学会副秘书长黄为民

广东金星书业有限公司董事长金芳

出席本次活动的专家评委，除了广东教育学会副秘书长黄春青和我，还有：

广州市海珠区妇联主席、红茶书屋公益读书会发起人蒋薇

暨南大学汉语方言研究中心主任兼语言资源保护

中心主任甘于恩

《瑞丽》杂志专栏主播、《十点读书》特邀嘉宾、全国青少儿播音主持测评师、人教版语文教材配音员邱阳

"年度27强"选手及其家长，也纷纷前来助阵，选手们用精彩的表现惊艳了全场。

活动结束后，我在朋友圈点评道：牛娃辈出，神仙打架；精彩绝伦，叹为观止！

所有选手的表现都让我十分感动，同样让我感动的是组委会老师们的付出。

时光穿越回28号，组委会老师早早就守候在了广东广播电视台现代教育频道演播厅门口，只等电视台当天的节目一拍完，我们就抓紧时间布置第二天《少年讲书人》"年度总冠军"争夺战的演播厅。同时为了确保选手们最好的状态，当天下午我还要在演播厅为所有选手做最后一轮培训。

原计划2点多开始布场，最终演播厅大概5点才结束上一场活动，我们因此晚了差不多3个小时！而演播厅当晚7点多就要关门，留给我们的时间远远不够，怎么办？

肖惠导演当机立断：一切以选手为中心，所有第二天会出现在电视镜头前的项目今天都必须完成。因此当下最重要的事情有两件：

第一，选手今天必须达到自己目前能力范围内的最高水平；第二，选手讲书时所需用到的背景、灯光、音乐、摄影等项目今天必须安排好。

在肖惠导演的专业安排下，我们兵分两路。其他老师布场，我则主要负责培训选手。

所有选手都必须站上演播厅的舞台讲书，台下练习叫模拟，台上练习叫实战。一遍遍的高要求，一遍遍的实战，一遍遍的指导，周而复始。正如我经常对自己学生所说的："当你的实力，远远强于你克服当下挑战所需具备的能力时，才会有最好的发挥！"

培训结束，我给所有选手布置了一个非常重要的任务，那就是今晚 10 点前必须睡觉！

然后也加入了演播厅的布置工作，大家最终在演播厅关门之前，完成了第二天会出现在电视镜头前所有项目的布置工作，完成了这个几乎不可能完成的任务。

最后剩一项不会出现在电视镜头前但也同样重要的物资，那就是明天要给 27 强选手带回家的奖品——由广东金星书业有限公司提供的 1000 多本经典好书。

虽然我们可以选择将这些书籍快递给各位选手，因为颁奖典礼环节，除了奖杯、奖状，选手们还会收到代表这些书籍的奖品板。

但我们坚信：对于奋斗了将近两个月的 27 强选手而言，这些书籍奖励如果明天能给到他们手里，会给他们前进路上增添无限动力。

因此团队匆匆吃了个简餐，就开始搬这 1000 多本书。

由于电视台演播厅已经关门，为了确保这些书籍的绝对安全，一位辛苦了一天的组委会男老师主动提议，自己今晚留守在演播厅门口，守护这 1000 多本书……

每段岁月静好的时光，背后都有负重前行的英雄；

每个绽放光芒的孩子，背后都有默默付出的天使。

三、什么？讲书原来是"史上最强学习方法"！

诺贝尔奖得主费曼教授曾经说过：要想彻底地掌握一个知识，最好的方法就是用自己的话，通俗有条理地表达一次。这被称为"费曼学习法"，被誉为"史上最强学习方法"。

而讲书采取的就是这种方法：在你看完一本书之

后，把书中的内容、精华提炼出来，然后用演讲的方式、用自己的语言，将书本的中心思想和精华有条理地表达清楚。

书讲百遍，其义自见。如果说读书是成长的阶梯，那讲书就是成长的电梯。真正的高手，不是读了多少本书，而是讲了多少本书。

100多年前，梁启超先生的《少年中国说》横空出世，让人心潮澎湃、热血沸腾！梁启超先生对中国少年寄予了无限希望，并鼓励他们愤然而起，努力投身于改造旧中国的战斗中。

100多年后的今天，国富民强，国泰民安，这盛世，如先生所愿！

2019年8月21日，习近平主席在甘肃省兰州市《读者》编辑部同工作人员交流时说道：

要提倡多读书，建设书香社会，不断提升人民思想境界、增强人民精神力量，中华民族的精神世界就能更加厚重深邃。

多一个讲书人，就可能多一群阅读者。全民阅读，我们共同前行；书香中国，我们一起努力！《少年讲书人》，我们在行动！

附 录

如何讲好一本书

一、《少年讲书人》电视展评活动推荐书单

第一季

序号	书名	作者	出版单位
A 组 （6-8 岁）	野孩子：蓝石头	王早早	安徽少年儿童出版社
	写给孩子的中国民间故事	谭旭东	广东教育出版社
	哥妹俩漫画成语	徐有利	广东科技出版社
B 组 （9-10 岁）	哇，科学有故事！（第一辑）：生命·地球·宇宙	[韩]黄宝妍	东方出版社
	孩子也能懂的诺贝尔奖	柠檬夸克	湖南少年儿童出版社
	古都"食"空大冒险：千年夜市的美食秘境	荆方	新世纪出版社

续表

序号	书名	作者	出版单位
C组 （11~13岁）	我和小狼芬里尔	格日勒其木格·黑鹤	接力出版社
	正午的植物园	薛涛	辽宁少年儿童出版社
	等你回家	吴洲星	安徽少年儿童出版社
	小屁孩日记27——浴室里的大魔怪	[美]杰夫·金尼	新世纪出版社
	曹文轩小说集（典藏版）·小号天鹅	曹文轩	广东教育出版社
	早安说·晚安说：熊爸爸和熊孩子	安武林	广东教育出版社
	中国古典文学名著—西游记（上、下卷美绘版）	（明）吴承恩	中国少年儿童出版社
6~13岁均可选择书籍	口罩里的春天：最美生命教育青少年读本	广东教育出版社基础教育课程发展研究院	广东教育出版社

第二季

序号	书名	作者	出版单位
A组 （一二年级）	奇妙森林原创剪纸绘本·春生的节日	伊安	广东教育出版社
	沙漠奇遇记：荒漠小精灵	杨红樱	安徽少年儿童出版社
	驴家族	汤素兰	湖南少年儿童出版社
	想要抱抱的豪猪	[英]佐伊·华林	辽宁少年儿童出版社
	果子红了	林秀穗	山东教育出版社
B组 （三四年级）	钟南山爷爷给学生的新冠肺炎防护手册：不一样的春节日记	孙宝清	广东教育出版社
	海洋学校2：冤家对头还是合作伙伴	项太阳	新世纪出版社
	精兵少年团1：热血新兵连	八路	二十一世纪出版社
	汤素兰治愈系童话：小房子	汤素兰	新世纪出版社
	樱桃小庄	曹文轩	江苏凤凰少年儿童出版社

续表

序号	书名	作者	出版单位
C 组（五六年级）	工程师爸爸写给孩子的信：港珠澳大桥是怎样建成的	陈柏华等	广东科技出版社
	大国重器与新四大发明	江晓原	接力出版社
	蘑菇课	胡冬林	北方妇女儿童出版社
	少女贾梅	秦文君	湖南少年儿童出版社
	共产党宣言（少儿彩绘版）	李晓鹏	接力出版社
D 组（初一—初二）	骆驼祥子	老舍	开明出版社
	海底两万里	[法]儒勒·凡尔纳	开明出版社
	口罩里的春天：最美生命教育青少年读本	广东教育出版社基础教育课程发展研究院	广东教育出版社
	红楼梦	（清）曹雪芹	开明出版社
	名人传	[法]罗曼·罗兰著	开明出版社

二、《少年讲书人》电视展评活动 "年度 27 强" 推荐书单

姓名	奖项	年度排名	获奖时年级	学校	推荐书单		指导老师
刘晨	年度书香之星	第一名	三年级	东莞市石龙镇中心小学	《从天而降的幸运》	《阁楼里的秘密》	《淘气包马小跳》	梁蕙娟
王紫	月度书香之星	第二名	五年级	东莞市东城岭南学校	《小王子》	《根鸟》	《毛毛》	赖娜
宋卓航	月度书香之星	第三名	一年级	华南师范大学附属小学	《少年读史记》	《哈利·波特系列小说》	《DK 儿童地理百科全书》	牛嘉鹏
冏尚博	月度书香之星	第四名	四年级	广州市海珠区第二实验小学	《写给孩子的哲学启蒙书》	《名叫彼得的狼》	《小屁孩日记》	邓小梅
刘安淇	月度书香之星	第五名	三年级	广州市天河区华景小学	《皮皮鲁系列》	《小英雄雨来》	《海洋学校》	余小丽、罗菁楣

续表

姓名	奖项	年度排名	获奖时年级	学校	推荐书单			指导老师
韩嘉鹏	周度书香之星		一年级	佛山市南海区狮山镇罗村中心小学	《昆虫记》	《中华上下五千年》	《窗边的小豆豆》	吴蔡贞
龚子欣	周度书香之星		二年级	东莞市石龙镇中心小学	《加油！小布谷》	《小屁孩树屋历险记》	《神奇校车》	徐璐漫
孙芷慧	周度书香之星		三年级	佛山市南海区狮山镇官窑中心小学	《伊索寓言》	《鲁滨逊漂流记》	《雷锋的故事》	梁蕴莹、胡凯磊
丁逸轩	周度书香之星		五年级	广州市海珠区大元帅府小学	《半小时漫画中国史》	《二战那些事》	《鬼谷子》	严晓莉
曾樱	周度书香之星	并列第六名	五年级	广州市天河区华景小学	《胡小闹日记》	《哈利波特》	《皮皮鲁》	丘秀娜
何明梱	周度书香之星		五年级	佛山市南海区丹灶镇中心小学	《小号天鹅》	《秘密花园》	《窗边的小豆豆》	陆宝英

续表

姓名	奖项	年度排名	获奖时年级	学校	推荐书单			指导老师
许芷瑶	金牌讲书人		一年级	广州市天河区华景小学	《故宫里的大怪兽》	《可怕的科学》	《神奇小孩在哪里》	洪泽宜、丘绮
尹诗越	金牌讲书人		一年级	广州市番禺区京师奥园南奥实验学校	《我爱阅读丛书》	《神奇校车》	《丁丁历险记》	王赞
申明玉	金牌讲书人	并列第十二名	一年级	广州市越秀区桂花岗小学	《哥妹俩漫画成语》	《果子红了》	《宇宙护卫队》	秦金秋
刘彦祺	金牌讲书人		二年级	广州市名门珠江（国际）小学	《生命不息疯狂不止》	《窗边的小豆豆》	《The Naughtiest Pixie》	夏凤
冯程晨	金牌讲书人		二年级	东莞市石龙镇中心小学	《岭南民间故事》	《中国最美的童诗》	《中华上下五千年》	朱敏华
胡文婧	金牌讲书人		二年级	佛山市南海区狮山镇联星小学	《寻宝记系列》	《儿童百问百答》	《神奇树屋》	吴雪莹

续表

姓名	奖项	年度排名	获奖时年级	学校	推荐书单			指导老师
曹纾菡	金牌讲书人		三年级	东莞市东城实验小学	《幸福排列组合》	《哈利·波特系列》	《笑猫日记》	陈晓欣
李晓萌	金牌讲书人		三年级	佛山市南海区狮山镇罗村中心小学	《神奇的仿生学》	《生命不息疯狂不止》	《海洋学校》	孔艳、叶雪萍
蒋雨桐	金牌讲书人		四年级	广州市番禺区华师附中番禺小学	《阁楼里的秘密》	《故宫里的大怪兽》	《边城》	肖莹
张峰瑞	金牌讲书人	并列第十二名	四年级	佛山市南海区狮山镇罗村中心小学	《特种兵学校》	《大中华寻宝记》	《查理九世》	孔艳
李鑫文	金牌讲书人		五年级	东莞市石龙镇中心小学	《蜻蜓眼》	《八十天环游地球》	《时间移民》	段玲慧
郭梓坤	金牌讲书人		五年级	广州市番禺区洛溪新城小学	《草原·北京的春节》	《少年读史记》	《白洋淀纪事》	曾丽娟

续表

姓名	奖项	年度排名	获奖时年级	学校	推荐书单			指导老师
刘修言	金牌讲书人		五年级	广州市番禺区亚运城小学	《俗世奇人》	《长袜子皮皮》	《童年》	罗雪琴
梁慧琳	金牌讲书人		五年级	佛山市南海区狮山镇兴贤小学	《草房子》	《绿山墙的安妮》	《狼王梦》	罗依婷
黄宇轩	金牌讲书人	并列第十二名	五年级	佛山市南海区狮山镇官窑中心小学	《习近平讲故事》	《劳动创造美好生活》	《哈利·波特系列》	何小冰、邓翠明
丁梓昕	金牌讲书人		六年级	佛山市南海区狮山镇官窑中心小学	《三体》	《罪与罚》	《白夜行》	胡凯磊、梁蕴莹

三、《少年讲书人》社团启动啦

　　全国第一家《少年讲书人》社团落户东莞市石龙镇中心小学！

　　10 月 23 日上午，全国第一家《少年讲书人》社团成立大会暨授牌仪式在东莞市石龙镇中心小学举行。广东教育学会副秘书长黄为民、《少年讲书人》策划人李哲、石龙镇教育管理中心主任钟润森、石龙镇教育管理中心教研员邹惠芬、石龙镇中心小学校长聂惠芳等领导和嘉宾出席了本次活动。

　　大会上，广东教育学会副秘书长黄为民代表广东教育学会中小学生阅读研究专业委员会，将《少年讲书人》社团的第一块牌匾授予了东莞市石龙镇中心小学。

　　广东教育学会副秘书长黄为民发言：

　　"《少年讲书人》电视展评活动自 2020 年 7 月 1 日启动以来，得到了 186 所学校的鼎力支持，有超过 10 万网友为自己喜欢的选手进行了投票，线上更是吸引了 80 多万人次关注。"

"以刘晨同学为代表的石龙镇中心小学学生本次取得优异成绩不仅反映出石龙镇中心小学学生优良的综合素养，展现出老师们教书育人的水平，同时也体现了学校'树人教育'的强大品牌生命力。"

"希望全校师生趁全国第一家《少年讲书人》社团成立的契机，百尺竿头，更进一步！再接再厉，再创辉煌！"

经学校推荐，广东教育学会中小学生阅读研究专业委员会审核通过：聘请刘晨为《少年讲书人》社团第一任社长、冯程晨为宣传部部长、李鑫文为培训部部长、龚子欣为组织部部长。聘请段玲慧、梁惠娟、朱倩敏、翟雅韵四位老师为《少年讲书人》社团指导老师。

李鑫文、龚子欣两位同学担任了本次活动的主持，刘晨、冯程晨两位同学现场展示了讲书，让在场的领导、嘉宾、老师、家长和同学们得以一睹"金牌讲书人"风采。

广东广播电视台现代教育频道、广州日报、石龙电视台、石龙报社等媒体对本次活动进行了跟踪报道。

　　社团成立翌日，石龙镇中心小学《少年讲书人》社团首任宣传部部长冯程晨的家长，著文留念：

　　在第一个《少年讲书人》社团成立之际，突然想写点什么。

　　回想起当初，刚听到《少年讲书人》这个活动时的情景——

　　"妈妈，《少年讲书人》是什么？"这是当时程晨的第一反应。

　　其实我也说不清楚，或许只是一时头脑发热，或许是被丰厚的奖品吸引。所以，我什么也没说，只是默默地打开示例作品，陪她一个一个认真地看完，然后二话不说，我们就报名了。尽管过程不是那么顺利，但程晨始终保持着一种很特别的热情。

　　我也曾打趣地说，如果你好好表现，说不准还能上电视呢！尽管内心觉得几乎是不可能的。

　　可谁又曾想到，我们竟然真的把不可能变成了可能！

　　昨天，当我第一次，远远地看着她，站在舞台中间，拿起话筒，面对全校讲着她曾熟读了无数遍的

《蓝石头》，那种自信的笑容，淡定从容的表现。我想，这次活动的收获，真的远比我们想象的还要多得多。

程晨一直是个不太自信的孩子。虽然，我知道她身上总是能迸发出大大的能量，可似乎从小到大，每一次关键时刻，她都会掉链子……

参加幼儿园的诗歌朗诵比赛，在家熟读了好多遍，结果，在比赛当天竟然生病，没能参加；

参加石龙镇的舞蹈表演，表演前的裙子绑带没有系好，表演时竟然被旁边的小朋友踩到，裙子掉落，当众出丑下台；

参加东莞市的手脑心算比赛，在家的表现非常好，老师也寄予厚望，结果，比赛时完全没在状态，竟没能进决赛；

作为《少年讲书人》年度27强，参加电视录播当天，进演播室前的壮胆，竟然是唯一一个不敢在小朋友面前表现的"胆小鬼"。

而现在，看着满满自信和能量的她，我相信：以后参加任何活动，遇上任何挑战，她都有足够的力量，去迎接它们了。

昨天放学回来，她跟我分享这次讲书的小细节——

讲书时，有个地方讲错了一个字，稍微还有点紧张，但一看到台下李哲老师的笑容，立马就不紧张了，她还看到了聂校长的笑容，还有语文老师朱老师的笑容，她也就越讲越自信了。

活动结束，准备回教室时，聂校长还夸了她，说她今天的表现好棒！不过要注意，话筒要拿上面一点哦！哈哈，还真是的。

她还说："妈妈，第二季讲书人活动，什么时候开始呀！我想，我必须要参加！"可就在几天前，她还很纠结要不要参加，因为像跳拉丁舞，学粤剧，上英语课，学表演和相声，写诗等等，几乎已经把她每天的时间排满。

今天，她跟我讨论的是：这次，该讲哪本书呢，好像都挺有意思，讲的内容都可以很有趣。因为，在某个碎片化时间，像下课的间隙，上厕所时，放学写作业后剩余的一点点空当时间，她已经差不多看完了我给她买回来的第二季推荐书籍：《小房子》《海洋世界》《樱桃小庄》。

哈哈，看来，这次我可以比较省心了。

让我们一起来期待程晨第二季的表现吧！

新的起点，重新起航！

希望你的人生，能收获更多精彩吧！